旅する琉球・沖縄史

真栄平房昭　著

ボーダーインク

序文にかえて　海外に開かれた南の窓——琉球の視点から

アジアにおける沖縄（琉球）の位置

まず、沖縄の地理的位置について概観しておこう。日本列島の南に眼を向けると、九州と台湾とのあいだ約一二〇〇キロメートルにおよぶ海域には、薩南諸島・奄美諸島・沖縄諸島が弓状につらなるかたちで点在している。日本の最西端に位置する与那国島は台湾と国境を接しており、よく晴れた日には水平線の彼方に台湾を遠望できる。

地理的な視圏をさらに拡大してみると、これらの島々は環太平洋の外縁をなすと同時に、アジアに開かれた〈南の窓〉というべき位置を占める。日本の国家的枠組みで沖縄をとらえた場合、東京から地理的にもっとも遠い「辺境」というイメージが色濃い。しかし、こうした国家の枠組みを越えて、アジアの座標軸のなかで考えてみると、そこには別のイメージが浮かびあがってくる。

沖縄の中核都市である那覇から東京までの距離は約一五六〇キロ、さらにソウルが一二六〇、上海八〇〇、台北六三〇、マニラ一四五〇である。つまり那覇——マニラ間の距離は東京よりも近く、福岡より上海が近いのである。沖縄から飛行機で数時間の範囲内に、フィリピン、台湾、香港、韓国、中国があり、さらに足をのばせば、アジアのほぼ大半が視野に入る。その意味で、日本とアジアを結ぶ交通の要衝、いわば〈日本の南玄関〉としての位置を占めているのである。

このような地理的条件は沖縄の歴史にとって、明・暗ふたつの性格をあたえている。すなわち十五～十六世紀ごろの平和な時代の琉球王国は、その恵まれた地理的条件をフルに生かして、日本、中国、朝鮮、東南アジア諸国との中継貿易を活発に展開し、国際貿易の一大拠点として繁栄した。しかし、薩摩藩の支配を受けるようになった十七世紀以降、幕藩制国家の「海禁」体制に組み込まれ、中国との貿易だけがかろうじて存続を認められた。

歴史は流れ、幕末期の東アジア海域に姿をあらわしたペリー艦隊は、日本の開国に先立って琉球を前哨基地として利用し、前後五回にわたって那覇に寄稿した。ペリー艦隊の動きを地図上で追ってみると、東アジアにおける琉球の軍事・戦略拠点としての重要性がよくわかる。

さらに欧米諸国の一部にも、アジア戦略論的な見地から琉球を領有しようという議論が登場した。一八七六年、イギリス人バルフォールの主張によれば、琉球のような地理的利便を占める島々を領有することは、大国にとって有事のさいにきわめて便益であり、こうした軍事拠点の確保は「東洋」におけるイギリスの地位向上に役立つ。そのため琉球を領有して太平洋上のマルタ島となすべきであると論じている（『日本外交文書』第十巻）。

地中海のほぼ中央部に位置するマルタ島は、十九世紀初頭にイギリス領となり、海軍基地としてジブラルタルとともにイギリスの最も重要な拠点であった。そのようなマルタ島を念頭において、琉球の太平洋上の戦略的位置に注目したのである。また、一八七九年に清国をへて来日したアメリカの前大統領グラントも認識したように、「琉球南部諸島ハ台湾ニ接近シ、東洋ノ咽喉《のど》」（王芸生『日中外交六十年史』）であった。

のちに第二次世界大戦が勃発すると、沖縄は太平洋戦争における日米最後の激戦地となった。米軍は沖縄攻略のために一五〇〇隻の艦艇と七個師団、約十八万人にのぼる兵力を投入した。戦後、一九五一年のサンフランシスコ講和条約により、沖縄は日本の独立の回復とひきかえに本土から切り離され、一九七二年の返還までアメリカの施政権下におかれるという不幸な歴史を強いられたのである。

今日、米ソ冷戦の時代は終わりを告げた。しかし、極東における最大規模の米軍基地が沖縄になお存在している。アメリカの世界戦略と日米安保体制に組み込まれた沖縄は、軍事的に「太平洋の要石《キー・ストーン・オブ・ザ・パシフィック》」とよばれ、ベトナム戦争や中東湾岸戦争でも、多数の米軍兵士が沖縄の基地から海外へ派遣された事実は記憶に新しい。このように、アジアの中で沖縄が占める国際的条件をみると、戦争と平和という対照的な問題が、その歴史に深く刻まれていることがわかる。

目次

第一章　海の琉球史

1　海の見える風景――その歴史的変貌

青い海と亜熱帯のサンゴ礁に彩られた沖縄の島々。その海岸に白いさざ波がうち寄せる美しい風景は、昔から人々の心を魅了してきた。一九二一（大正十）年沖縄を訪れた民俗学者の柳田国男は紀行文『海南小記』の中で、サンゴ礁のリーフ（干瀬）にかこまれた島の風景を詩情豊かに表現している。

「干瀬はさながら一条の練絹《ねりぎぬ》のごとく、白波の帯をもって島を取り巻き、海の瑠璃《るり》色の濃淡を劃《かく》している。月夜などにも遠くから光ってみえる。雨が降ると潮曇りがここでぼかされて、無限の雨の色と続いてしまう。首里の王城の岡を降《くだ》る路などは、西に慶良間《けらま》の島々に面して、はるばると干瀬の景を見下ろしている。虹がこの海に橋を渡す朝などがもしあったら、今でもわれわれは綿津見《わたつみ》の宮の昔語りを信じたであろう。」（「干瀬の人生」より）

いわゆる綿津見の宮の昔語りとは、古代日本における海の神話を意味する。近代文明の生み出した電気の灯《あか》りが日本列島にまだ普及しない時代には、月夜の光りに照らしだされた海は、とても幻想的で神秘なイメージに満ち、一種の神話と現実が交錯する不思議な世界だったようである。

沖縄古来の信仰によると、はるか海のかなたにあるニライ・カナイの神々が季節の折り目に人間の世界を訪れ、村の家々を廻って健康、長寿、豊作、豊漁などを授けてくれると信じられてきた。こうした海からの来訪神が人々に豊穣や幸福をもたらすというニライ・カナイの他界信仰は、今日でもなお村の伝統的な祭りや民俗行事として、島の各地に生きている。しかし、そのような伝統文化を育んできた海と人間との歴史的な関わりを支える土台としての自然環境に、いま大きな異変が起こっている。世界でも有数の豊かなサンゴ礁生態系が発達した沖縄の美しい原風景は、次第に失われつつある。

一九七二年の本土復帰後、沖縄は国内で手軽に楽しめる海洋レジャーのメッカとして脚光を浴び、多くの観光客が訪れるようになった。しかし、一方でホテルやゴルフ場建設にともなう環境破壊や海の汚染は、ますます深刻な問題となっている。また、「臨海開発」という名の下で進行する干潟の埋め立て、コンクリート護岸工事がさらに拍車をかけた結果、海辺の風景はこの数十年で大きく変貌した。環境庁の自然環境保全基礎調査によると、沖縄本島海域の「干潟の消滅面積」は二百二十四ヘクタール以上に及び、全国第六位である。かつて子どもたちが海水浴や潮干狩りを遊んだ砂浜なども埋め立てられたり、「コンクリート墓場」と悪名高い消波ブロックの海岸線に変貌しており、海の自然風景は予想以上のスピードで私たちの前から消え去ろうとしている。

こうした現実に歯止めをかけるため、「自然環境保全条例」を制定する自治体も出て来た。同条例の保全指定を受けた地区では、すべての海岸線を対象に、水際から百メートルの陸域における開発や樹木伐採などの行為を制限している。海の環境破壊を放置すれば、沖縄の観光産業の存立基盤そのものを失なうことになりかねない。本土復帰から四半世紀余り、沖縄の歴史と現実を改めて見つめ直す節目の時代を、いま私たちは迎えている。

2　古代人の魂のゆくえ――海上他界観

「遠くて近きもの　極楽」――清少納言の『枕草子』の一節に、こんな皮肉な言葉がある。

あの世が果たして、極楽か地獄かはともかく、人間は誰しもいつかは死ぬ運命にある。「生と死」という自然法則が無いとすれば、恐竜やマンモスをはじめ、あらゆる動植物が無数に増え続け、地球環境はパンクしてしまう。ヒトの寿命にも限りがあり、老いて死を迎える。それは清少納言のような古代人にも、わたしたち現代人にも共通する自然の真理であろう。

ところで、ある人がガンを患って、「人間は死に向かって生きているのだ」と、しみじみ実感したという。死を意識したとき、人は命の大切さを身にしみて感じるのである。生物学的な死が宿命である以上、それはタブーとして遠ざけるべきではない。なぜなら、「生きるとは何か」を考える上で、とても大切な逆説的な意味がそこに含まれているからである。

西洋の古いことわざにも「メメント・モリ　死を忘れるな！」という人生訓がある。この言葉には、現在をより良く生きるためには「日頃から、死を意識せよ」という、奥深いメッセージが込められている。

歴史のなかで人々は、どのように死（他界）と向き合い、それを意識したのだろうか。沖縄の基層文化にあるニルヤ（ニライ）とよばれる信仰が注目される。柳田国男によれば、ニルヤとは死者の魂が行き通う根の国＝常世郷《とこよのくに》であった。それは祖霊神の世界であり、火や稲や生命などの原郷とも考えられてきた。沖縄でいうニルヤは地獄、極楽といった仏教的なイメージの「あの世」ではない。それは、海の彼方にあって祖霊たちの住む海上他界である。たとえ生身の肉体は滅びても、霊魂《たましい》はニライ世界で祖霊となって生き続ける、と信じられたのである。

文化人類学者によれば、これとよく似た海上他界観をもつ地域が、東南アジアや太平洋の島々にも数多くあるといわれる。また、考古学者の説によれば、古代の装身具である美しい勾玉《まがたま》は本来、たんなるアクセサリーではなく、人間の身体から離れていく魂《たましい》を引き留めるための「しかけ」であったという。硬くて美しい石を紐で幾重にも巻きつけ、胸の中央に下げたのは、魂をしっかりと身に引き留める「しかけ」の意味があったと推測されている。沖縄のノロ（神女）が宗教的儀式で勾玉を身につけた理由も、こうした不思議な「魂の力」を象徴的に誇示するためであった、と考えられる。

3　ジュゴンの海——歴史・環境・人間の暮らし

ジュゴンは、西太平洋、インド洋、アフリカ東海岸、沖縄近海などに生息する草食性のほ乳類（海獣）である。英語のDugong（デュゴン）の語源は、マレー語で「きれいな娘さん」という意味らしい。サンゴ礁の砂地に生えるアマモなどの海草類を食べ、二、三頭の群れで遊泳することが多く、人魚伝説のモデルとなったことでも知られる。生息数が世界的に少ないため国際保護動物に指定され、日本でも国の天然記念物となっている。

現在、ジュゴンが生息している沖縄本島の名護市辺野古の海では、米軍海上ヘリポート基地の移設問題とその環境保護をめぐって国際的にも注目を集めている。ＬＯＶＥジュゴンネットワークなどの市民団体は、海の暮らしと自然を守る立場から米軍基地建設に強く反対し、「ジュゴンやウミガメの住む貴重な海を、未来の子どもたちに残すことは私たちの責任」として、ジュゴンの生息環境調査などを政府に求めている。

「おもろ」に登場するジュゴン

海に生きるジュゴンと人間との関わりは歴史的に古い。かつて、ジュゴンは辺野古の海だけでなく､沖縄各地に生息していた。『おもろさうし』はジュゴンを「ザン」､「ザンノイユ」と称する。また、その顔つきが馬に似ているため、近世の文献では「海馬」と書く。

与那城町屋慶名（現うるま市与那城屋慶名）には、次のような興味深い民話がある。藪地島のある洞穴で、ヒートゥ（ゴンドウクジラの仲間）とジュゴンのお姫様が夫婦の契りを結び、光り輝く人間の子どもが生まれた。その子は、藪地島や屋慶名の人びとの祖先になったという。

このように人間の祖先をジュゴン伝説と結びつける民話のほか、八重山では、まるまると太った人間をジュゴンにたとえるユーモラスな方言などもあり、人びとの暮らしにとって身近な生き物だったようだ。

古代人は丸木舟をあやつり、網やモリでジュゴンを捕らえた。太平洋に面した与勝半島の勝連グスク遺跡などから、ジュゴンの骨を加工した製品が出土している。その肋骨を四角形に切り取って磨き、小さな穴をあけた女性のペンダントのような装飾品とみられる。

海の神として畏敬されたジュゴン

ジュゴンの肉は美味で、古来より不老長寿の妙薬として珍重された。琉球王朝は、八重山の新城島でとれるジュゴンを、税金として貢納することを命じた。島の深い森の奥にある御嶽にはジュゴンが祀られ、その頭骨がうず高く積み上げられていたという。人びとは海の神を畏敬し、ジュゴンの豊漁を感謝したのである。その皮を日乾しにしてまとめて王府に上納し、内臓からとれる脂は島の灯油などに利用された。

ジュゴンの干物は、琉球の宮廷料理などに用いられた。一七一三年の『琉球国由来記』巻二に王府料理座の食材リストがみえるが、その中に「塩海馬」や、宮古御蔵から進上した「干漬海馬」といった塩漬け保存食が含まれる。調理法は、乾燥した皮をカツオ節のように薄く削ったものに熱湯をそそぎ、吸い物にした。高級食材として、王府の正月料理や中国の冊封使らをもてなす食膳に供された。また、妊婦のお産を軽くする滋養食としての用途もあったようだ。

江戸時代の学者で将軍徳川家宣に仕えた新井白石は、琉球の海馬について、「頭は馬で体は魚、皮は厚くて青く、その肉は鹿に似ており、人は常食する」（『南島志』物産第十）という。また、十八世紀の旅行家で有名な橘南谿《たちばななんけい》が、一七八三（天明三）年に鹿児島に旅した折、琉球人から聞いたジュゴンの話も興味深い。「琉球の海に馬に似た生き物がおり、ザンと呼ばれる。その肉は高級品で琉球でも簡単には手に入らず、珍重される。中山伝信録にも国王に献ずると書いてある。私も少しばかり入手して帰った。皮は厚く飴色ですき透るようだ。削って吸い物とする」という（『西遊記』）。

津堅島では大正期ごろまで、毎年六月にジュゴン漁が行なわれた。中城湾の岩礁や浅瀬に寄るジュゴンの群れを小舟で何日もかかって追跡し、島の西岸に追い込んで捕獲し、村人たちが共同飲食する神聖な行事があったという（『知念村史』第一巻、資料編1）。昔の人びとは、海の信仰対象としてジュゴンを畏敬した。儀礼の場でその肉を食する一方で、乱獲をさける智恵をあわせもっていたと言えよう。

二十一世紀の現在、世界でも数少ない沖縄のジュゴン生息海域で米軍基地建設が強行されると、ジュゴンはえさ場を失って「絶滅の危機」に追い込まれ、日本近海からその姿を永遠に消すことになる。軍事優先の硬直した考え方にとらわれず、未来に向けてジュゴンと人間が共生できる「海の環境保全」をまず第一に考えるべきであろう。

4　中国で海賊に襲われた琉球船

今から二百年ほど前、中国沿岸に「海賊」がしばしば出没したため、琉球船も被害を受ける事件があった。一例を示すと、一七九五（乾隆六十）年に八重山から那覇へ年貢を運んだ「春立地船」が帰りに嵐にあい、広東マカオの近海に流れ着いた。そこで海賊に船を乗っ取られ、略奪を受けたのである。

乗員四十八名のうち、少年一名（西表仁屋）が拉致され、残りの一行は命からがらマカオに上陸したが、運悪く流行中の疱瘡（天然痘）に感染して三十名が死亡。生き残った十七名は福州に護送されたが、琉球館に着いたのち八名が病死した。結局、故郷の八重山に帰ることができたのは、乗員のおよそ五分の一だった。

さらに、別の海賊に襲われた乗組員が帰国後、そのいきさつを首里王府に報じた興味深い記録がある（『御手形写抜書』石垣市史叢書十一）。次に、その内容を詳しく紹介したい。

一七九八（嘉慶三）年五月二十三日、八重山の蔵元勤務の派遣医である仲村渠筑登之親雲上は、任務を終えて、石垣島から那覇行きの便船に乗った。ところが、翌日から風波が荒れ、荷物・諸道具を投棄し、帆柱も壊れた船は風のままに吹き流された。「十死一生」の窮地に陥り、願掛けなどをして祈ったところ、ようやく風波も静かになり、六月一日、中国山東省に流れ着いた。九月二十七日にそこを出帆、翌嘉慶四年二月福建省の福州に送り届けられた。身ひとつになり、衣類や支度料などを借り入れ、同年五月に進貢船に便乗して琉球に帰ることになった。だが、向かい風のため琉球に渡航することが難しく、「烽火川」という所で滞留する事態となった。

一八〇〇（嘉慶五）年閏四月、しかたなく福州に戻る途中、「羅胡」という所で海賊に襲われたのである。その体験を、仲村渠筑登之親雲上はつぎのように証言している。

「衣類や荷物、かんざしなどを海賊に身ぐるみ奪われ、途方に暮れました。そのうち、私（仲村渠）と船主、八重山の者三名が人質として海賊船に連行され、銀子を渡せと強要されました。もはや殺されるかと心中嘆きつつ、侘びを言ってようやく許されました。閏四月二十八日福州に着き、また衣類や支度料などはすべて借り入れ、五月七日に福州を出帆し、同二十四日に琉球北部の運天港に着きました。そこから陸路で那覇に帰り着き、ことの始終を申し上げました」。

このように海賊に身ぐるみはがされた琉球人たちは借金がかさみ、苦境に陥った。仲村渠は、その窮状ぶりを王府に訴えている。「いろいろ災難にあって借金がかさみ家計も苦しく、利息払いも滞り、進退窮まっています。…（中略）…もはやどうしようもなく、窮迫は避けられないありさまです。不憫な事情なので、どうか特段のご配慮をもって配当の飯米を支給するように八重山に申し付けていただきたくお願い致します。この旨、幾重にもよろしくお取りなしくださるようお頼み申します」。

海賊事件の後遺症

このように「飯米支給」を求める請願書から、彼らの困窮ぶりがうかがえる。さらに、一八六三（同治二）年には、護送船が福建省海壇島の沖で別の海賊に襲われる事件があった。そこで金品や衣類、かんざしまで身ぐるみはがされた琉球人一行は、命からがら帰国したものの、生活に窮した。まさにその年の那覇大綱引きの記録「同治二年癸亥西東綱挽之時日記」に、次のような記述がある。中国から帰国した「帰唐船」の船頭をはじめ乗組員の佐事・五主・定水主たちは、中国茶や御馳走づくしの「六寸重」などを大綱引きの祭礼に寄付する慣わしであった。しかし、このたび海賊に襲われ経済的な損失を被った船員の家族については、「困窮にして差し許す」という理由で、その寄付が免除されたのである。こうした例からも、海賊事件による後遺症の大きさを知ることができよう。

5　福州五虎門の航海史――琉球船と海賊

福州は、閩《びん》江のほとりに開けた人口五百六十万を越える大都市で、古くから福建省の政治・経済・文化の中心都市として栄えた。十四世紀から十九世紀にかけて、明・清時代には琉球王国の使節が往来し、その活動拠点として柔遠駅（琉球館）が置かれていた。また、福州市と那覇市は一九八二年から「友好都市」の関係を結び、二十一世紀に向けて交流の発展をめざしている。

かつて東シナ海を越えた琉球船は、福建の「五虎門《ごこもん》」をめざした。五虎門とは閩江の河口部に点在する小さな無人の岩礁で、歴史的には古くから航海の目印として重要な位置を占めてきた。河川交通の要衝に形成された福州と、外の海域世界を結ぶ関門をしっかりと守るように、五頭の虎が鎮座するイメージを彷彿させる。地図で確認すると、連江県の粗芦島と川石島の間に外洋への出入航路があり、その航路中に五虎門が位置している。実際に船で接近してみると、海面に突き出す五つの岩礁がはっきりと確認できる。

「五虎門」を通った幾多の船団

歴史のなかで幾多の航海の試練と苦しみが、五虎門の海を通り過ぎた。世界史上に有名な明の鄭和《ていわ》の南海遠征では、一四〇五（永楽三）年の第一次航海で大型海船六十二隻に乗組員二万七千八百余名からなる大艦隊が、現在の上海の西北方に位置する劉家港を出発し、福建の五虎門に立ち寄った。東南アジア経由でインドのカリカットをめざしたのである。一四三一年の第七次航海の安全を祈願した「天妃霊応之記」が、福建長楽県の南山三峰塔寺で発見されており、五虎門を船出する鄭和一行が、天妃に祈りを捧げる姿が思い浮かぶ。

明代に琉球へ渡航する冊封使の乗船も、長楽県の梅花所を出帆した。その後、閩江の上流から大量の土砂が積もって水深が浅くなり、梅花の港では大型船の運航に支障が生じたため、十七世紀後半には五虎門から外洋に出る航海パターンに切り替えられた。一六八三（康熙二十二）年、尚貞の冊封使として琉球に渡海した汪楫《おうしゅう》の使録によれば、「これまでは、封舟が外洋に出るのはすべて、梅花所からであった。現在は、大きい舟が通航しないで、砂が堆積して水深が浅くなったので、五虎門から海に出ている」（『使琉球雑録』巻二）と記されている。

海賊に襲われた進貢船

　五虎門の外洋は島影の無い荒海で、漂流の危険だけでなく、海賊から襲われることもあった。中国沿海の治安が乱れると、五虎門の沖に海賊がさかんに出没し、琉球船などを待ち伏せて襲撃したのである。一六七〇（康熙九）年十一月、那覇から福州へ向かう途中の進貢（小唐船）は海賊に積荷を奪われ、乗組員の大半が殺害された。さらに一六七三（康熙十二）年三月十八日未明、福州沖に姿をあらわした賊船十三艘が、琉球の進貢船二艘を取り囲んだ。海賊らはいっせいに鉦《かね》や太鼓を打ち鳴らし、雄叫びをあげながら弓矢や鉄砲をさかんに射かけてきた。その攻撃をかわしながら琉球船はようやく五虎門近海に難を逃れたが、死者五名、負傷者二十四名を出した。

　このとき重い傷を負い、福州で手当をうけた乗組員のひとり古波蔵親雲上（程泰祚）は、のちに蘇州で客死した。その子息が有名な名護親方（程順則）である。ちなみに、琉球船を襲った海賊の正体は、清朝の支配に抵抗を続ける台湾の鄭氏一味であることが、のちに判明した。琉球王府の訴えにより、長崎奉行は来航中の台湾船に命じて、琉球側に銀三百貫目を弁償させている。

　こうした海賊に遭遇する危険を乗り越えながら、琉球船は五虎門の近海を往還したのである。

6　海賊に襲われた琉球人留学生

海賊の動きが活発化した十八世紀末

歴史上の海賊といえば、まず思い浮かぶのが東アジア諸国に被害を及ぼした「倭寇」であろう。さらに時代が下った十八世紀末には、福建・浙江沿海で海賊の動きが活発となり、琉球の進貢船や馬艦船なども被害も受けた。ここでは、『阮氏家譜《げんうじかふ》』の具体的史料をもとに、実際に海賊と遭遇した琉球人の体験を紹介したい。

福州を目の前に泣く泣く引き返す

一七九六（嘉慶元）年、久米村阮氏の八代目にあたる小渡里之子親雲上（阮世榮）が、首里王府の許しを得て、福州に留学した時のことである。数え二十九歳の青年は前途洋々たる希望に燃え、同年四月に接貢船で那覇を出港した。

東シナ海を越え、五虎門から福州をめざし閩江をさかのぼる途中、琉球船の行く手に突然、海賊が現われた。『阮氏家譜』に、当時の緊迫した状況が記されている。原史料の漢文を現代語に意訳してみよう。

出迎えの官船だと思っていたら、こちらの船に接近して大砲、小砲（鉄砲）を放った。船上で刀をふりかざす海賊の姿が見えた。七隻の賊船が琉球船を取り囲み、数十回にわたり攻撃をしかけてきた。小渡里之子親雲上らは、気力をふり絞って防戦し、なんとか撃退したが、傷を負わぬ者は一人としてなく、船体のいたる所に損傷をうけた。さらに航行を続け、福州近くに到ると、遠くに別の海賊船二隻を発見した。通常、商船や漁船の往来が絶えない所なのに一隻たりとも見えないのは、さらに海賊船が潜んでいるに違いないと、推測された。そこで船中協議の末、琉球にひとまず帰国することに決し、福州を目の前にしながら、泣く泣く引き返した。

同年五月、那覇に帰着した後、海賊襲撃に備えるため船に搭載する武器を増強したり、船べりを高くするなど手を加え、十月二日、再び福州に向けて出航した。ところが、閩江の入口でまたもや五隻の賊船の襲撃を受けた。これを撃退し、やっと福州琉球館にたどり着いたのは、約三週間後の十月二十二日であった。

危機を乗り越えて五年間の留学生活

こうして二度も海賊に襲われた小渡里之子親雲上は、その危機を乗り越え、福州で足かけ五年間の留学生活を送った。一八〇〇年にいったん帰国し、三か月後の八月、再び「勤学」として二年間の福州滞在をへて、一八〇二年に帰国。その後、都通事、久米村総横目、総組頭などの要職を歴任し、一八三六年に六十六歳で、波瀾の生涯を終えた。

6　海賊に襲われた琉球人留学生

7　海事信仰と唐旅のお土産

帆船交通の時代は、天候の異変による遭難のリスクが高く、琉球の例をみても漂流・漂着事件がきわめて多い。旅に出る人びとは、海上で命を落とすことさえ覚悟し、家族や知人も「今生の別れ」といった思いで見送った。海難事故の不安を抱えながら、人びとは「神々の御加護」を求め、真剣に祈ったのである。

こうした危険とつねに背中合わせの「船旅」を精神面でサポートし、留守家族にも慰めと励ましを与えてくれるのが「海事信仰」である。その実態については、国家間の通交貿易という通常の枠組みでは捉え難い。そのため、従来のアプローチとは異なる分析の工夫が必要であろう。ここでは「琉歌」に反映された航海の安全祈願に眼を向けつつ、唐旅《とうたび》帰りのお土産について一瞥したい。

航海安全の祈り

夫が旅に出るときは、親戚中の女たちが集まって「だんじゅかりゆし」を歌い、旅路の平安を祈った。また、航海の女神を祀る天妃宮をはじめ、観音堂、普天間宮や各地の御嶽にも参詣した。『遺老説伝』に、次のような興味深い伝承がある。

　久米村の北方にある「神岩」は霊験あらたかで、祈りに応えてくれる。そこで、人びとが石を運んで囲いを築き、「神嶽」とした。中国へ行くときには、必ずこの御嶽で幸福を祈った。そこで「唐守嶽《とうまもりうたき》」と名づけられた。那覇の地にあるが、祈願の内容は久米村に関係する。しかし、この御嶽がいつの世に建てられたかはわからない。

　この伝承は、地域にある身近な御嶽に唐旅の平安を祈願したことを示す。

　首里城の西方に位置する「弁《びん》の御嶽《うたき》」は、航海全般を祈る最も重要な「聖地」とされた。そこで国王みずから行幸し、神女たちが御たかべ（祝詞）を唱えた。

　唐大和の御船、宮古八重山・島々浦々の舟　上り下りのふ事も百がほう（果報）あるやに御守めしよわちへ　御たぼいめしようれ

　このように唐、ヤマト、琉球諸島の海域を行き交う船の安全を祈ったのである。最高神女の聞

得大君が「航海の守護神」でもあったことは、次の歌に明らかである。

一の帆の帆中吹きつつむみ風　聞得大君のお筋み風

（島袋盛敏ほか『標音・評釈　琉歌全集』1215番）

（歌意）船の一の帆はいっぱいに風をはらんでいる。それは聞得大君の霊験あらたかな風である。

旅に出ている夫の無事を祈る妻の気持ちは、次の歌によく表れている。

弁の岳お岳願立てておきゆて　里前まうちまうらば連れてほどか（前掲『琉歌全集』1728番）

（歌意）弁の岳に祈願し、里前（夫）が無事に帰ったら、一緒にお礼参りをしましょう。

三年重ねゆす待ち長さあすが　願て自由ならぬ北京お旅

（『琉歌全集』2161番）

（歌意）北京への旅は三年の月日を重ね、とても待ち遠しいが、いくら願っても自由に帰ることはできない。夫の帰りを待ちわびる妻の心情がうかがえる。

那覇の港に近い臨海寺（沖の寺）や三重グスクの岸辺で、船出を見送る風景は、次の歌に込められた心情と重なる。

沖の傍までや思弟きやべつれて　渡中おし出れば風とつれて
（『琉歌全集』２４６７番）

（歌意）旅立ちにあたり、愛する弟たち（思弟きやべ）と共に沖の寺の傍まで行き、船が沖合（渡中）に出ると、風に連れ添う。すなわち、女の霊力《セジ》が男兄弟に寄り添うかたちで守護する「をなり神」信仰であるが、それに関して、次の歌がよく知られる。

お船のたかともに白鳥がゐちやうん　白鳥やあらぬ思姉《おめなり》おすじ
（『琉歌全集』１０６６番）

（歌意）御船の高い艫に白い鳥がとまっている。いや、あれは単なる白い鳥ではなく、姉妹《おなり》神の守護霊なのだ。

旅路の平安をひたすら願う気持ちは、次の歌にもあらわれている。

寝ても覚めても肝の願　引きあはちたばうれ　旅の空や
（『琉歌全集』９９９番）

（歌意）寝ても覚めても心の底からお願いすることは、旅の空は、どうぞ無事ですごすことができますようにお助けください。

渡唐船は、一般に慶良間や久米島に寄港して順風を待つことが多い。福州へ向けて座間味島の阿護の浦を出帆する前日、咸豊十一（一八六一）年正月十六日、伊計親雲上（蔡大鼎）は、次のような漢詩を詠んでいる（『閩山游草』）。

明朝開船誌喜　即正月十六日　明朝開船喜びを誌す　即ち正月十六日
朝宗永頼神明庇　朝宗《ちょうそう》は永《とこしえ》に神明《しんみょう》の庇《たすけ》に頼《たよ》り
萬里滄溟莫誤過　万里《ばんり》の滄溟《そうめい》に誤過《ごか》は莫《な》し
明日貢舟風送去　明日《あす》貢舟風《こうしゅうかぜ》送《おく》り去《さ》り
管弦喜唱太平歌　管弦《かんげん》喜唱《きしょう》す太平歌《たいへいか》

輿石豊伸氏の解釈によると、朝宗とは天子にお目通りすること、すなわち朝貢を指す。朝貢の旅は神明の加護のおかげで、万里果てしなく続く海上の旅も、何のあやまちもなく無事に行くことができる。明日福州へ向かう進貢船は、風に送り出され、管弦の鳴り響くなかを、太平歌が喜び満ちて唱和されることであろう。

この漢詩は、唐旅の平安を神々に祈る気持ちをよく表わしている。

唐旅のお土産

無事に帰国すると、家族・知人との喜びの再会が楽しみである。旅のお土産を家族や知人にプレゼントしたり、土産話に花を咲かせたことであろう。ところで、首里士族・伊江親方朝睦の日記をみると、唐旅から帰任した人びとの「唐土産」や贈答品について興味深い記事がある。その内容をかいつまんで紹介しよう。

（1）兼本里之子親雲上からの「唐土産」として、次の品々が伊江家に届いた（「日記」嘉慶十一年九月十六日条）。各種の茶碗や皿など陶磁器セットのほか、「清明茶」や「とうふやう」（豆腐よう）、「とんひやんさい」（唐織物）などである。琉球料理の酒肴珍味として有名な豆腐ようは、意外なことに昔は「唐土産」であったことがわかる。もともと中国から伝わった輸入品が、のちに琉球で国産化されたものと推測される。

（2）伊江朝睦は、清の乾隆帝の御筆を模写した拓本を「宝物」として愛蔵していた。知人の新城里之子親雲上から譲り受けた「槐《かい》之図」である（「日記」嘉慶十六年十二月九日条）。「槐」はマメ科の落葉高木エンジュを指す。乾隆帝は書画を愛し、名家の作品をよく模写したことで知られるが、その石摺（拓本）を旅先の北京や福州あたりで購入し、お土産として持ち帰ったにちがいない。

（3）中国の文人趣味をあらわす「唐筆」は、手軽な贈答品として喜ばれたようである。書聖王義之《おうぎし》の蘭亭叙にちなむ「蘭亭撰筆」や「龍之爪筆」などの筆記具が、兼本より朝睦に贈られている（嘉慶十一年十月十九日条）。現代風にいえば、「舶来万年筆」のプレゼントといったところか。伊江家は少なからぬ量の唐筆、唐墨を所蔵していたらしく、「唐筆十本箱入」、「唐墨六箱入」といった記事が朝睦の日記に登場する。さらに「解文弐匁筆一本」、「白玉筆一本」などの贈答記事も確認できる。（嘉慶十年八月二日条、同十一年九月十九日条）。

このように、唐旅のお土産・贈答品として、陶磁器や織物、加工食品（豆腐よう）、筆墨などが用いられたことが、日記からうかがえる。琉球における「唐物文化」の受容のあり方を示す興味深い事例といえよう。

7　海事信仰と唐旅のお土産

8　「江戸立」使節の船旅――兵庫・大坂を中心に

琉球使節の「江戸立」の実態を伝える貴重な史料が、東京大学史料編纂所に保管されている。戦前、渋谷区南平台にあった尚侯爵家の所蔵本（いわゆる尚家文書）を昭和六年十月に筆写したもので、一八三二（天保三）年の「儀衛正日記」と題する。儀衛正とは、行列の儀仗を調え、路次楽の演奏をつかさどる役人のことである。その公務日記から江戸往還の旅の状況などを詳しく知ることができる。

薩摩～大坂一か月の船旅

琉球使節九十八名は、薩摩藩の御用船四隻に分乗し、九月十六日に川内川の河口にある久見崎を出帆した。九州の西岸を北上し、玄界灘を越えて瀬戸内海に入り、下関、福浦、田之浦、新泊、深浦、笠戸浦、阿奈瀬浦、伊予の津和浦、備後の鞆、播州の室津、兵庫などに寄港しながら、大坂までおよそ一か月の船旅である。

晩秋の風が吹く十月十四日、一行は岡山の縄島瀬戸（直島）に停泊した。翌朝、法螺貝を吹き鳴らす音を合図に出帆し、姫路藩領の室津に向かう。「夜九ツ時分播州姫路領室港致着船候」とあるように、その晩は室津（現・兵庫県御津町）で一泊し、翌十五日早朝に出港した。だが、荒天で「風波猛敷相成」り、播磨灘の航海は危険なため、兵庫港で一夜を明かした。翌日は風波がいっそう激しく、新在家浦（神戸市灘区）に上陸することになった。正使の宿泊礼金として「銀二枚」を支払う。波がようやく穏やかになった十七日晩、新在家浦を出港し、十八日早朝、大坂の「木津川口」に着船した。このように天候に左右された当時の船旅は、薩摩から大坂まで一か月以上かかることも珍しくなかった。

華やかな「船行列」

さて、大坂の名所旧跡を絵入りで紹介した『摂津名所図会』の巻四には、琉球船が到着する場面が描かれている。「関西諸侯乗船」「琉球人難波津着岸」とあり、鹿児島藩の船を先頭に、萩藩の船に慶賀正使が、熊本藩の船には謝恩正使が乗船し、路次楽がにぎやかに演奏され、川岸には見物の人びとが大勢集まっている。

大坂船問屋の水先案内で木津川をのぼり、月正島に繋留した。十月十九日には「船行列」を組み、京都伏見へ向かう準備がととのえられた。記録によると、船行列に必要な物資や労働力は大名側が負担した。淀川や木津川など畿内の河川交通を支配する川口船奉行より小倉藩、平戸藩、熊本藩などの大坂留守居役に詳細な指示が下され、屋形船・供船・馬船・川御座船・三十石船など大小合わせて三十二艘が用意され、五十二名の船引き人足も動員された。

十月二十日、琉球使節団は西国大名の松浦静山、亀井茲方、小笠原忠固、島津忠徹らの川御座船四隻に分乗し、大坂の薩摩屋敷に向かった。正使・副使は琉球風の冠服を身につけ、讃議官以下の役人たちは無冠、楽童子は金花のかんざしを着用した。「琉球人参府ニ付川行列、但し木津川ヨリ大坂御屋敷迄并伏見川上り」(『旧琉球藩評定所目録』第一四四〇号)とあることから、大坂の薩摩藩屋敷まで木津川を上ったことがわかる。色とりどりの旗や幕で華やかに飾られた琉球使節団の水上パレードは、一般の人びとの大きな関心を呼んだ。ある町医者の見聞録『浮き世の有様』には、次のような興味深い記述がある。

徳川幕府の権威を誇張

「琉球人来朝し、薩州の屋舗へ着船。同十五日朝乗船にて今夕枚方泊のよし、両日共見物群をなし、仰山のことなり。茶船・上荷・三十石に至る迄、船一艘もなし。何れも八月頃より船を借れる約束なせしことなりといへり。大勢の見物の中には、御法度に背き、美服を着せし者有之し由にて、大勢召し捕へられ、騒々敷事なりし」（『日本庶民生活史料集成』第11巻、三一書房）。
大坂の薩州屋敷を出発した琉球使節は、枚方に宿泊する予定で、前日から大勢の見物人が集まったという。京都と大坂のほぼ中間に位置する枚方は、東海道の宿駅として、また淀川舟運の中継港として栄えた。琉球使節を乗せた「船行列」を見物するため、川船はすでに数か月前から予約済みの状態であった。ご法度破りの派手な服装で熱狂する見物人の中には、大勢の逮捕者が出る騒ぎとなった。

琉球使節に限らず、朝鮮通信使やオランダ商館長の「異国人行列」にも熱い関心が向けられた。こうした熱狂ブームの裏に、じつは徳川幕府の権威を民衆に誇示する政治的ねらいが隠されていたことにも注意する必要がある。すなわち、外国使節団の華やかな行列というパフォーマンスを演出した幕府は、将軍の「御威光」が異国にまで及んでいることを内外に印象づけ、また同時に琉球を「異国」とみなす意識を一般に浸透させたのである。こうした江戸時代の琉球イメージが、近代以降の沖縄観にも無視できない影響を及ぼしたことはいうまでもない。

9　海を越えた手紙——薩摩航路の大和船の事例から

十八世紀後半から十九世紀初めに活躍した琉球の政治家、伊江朝睦《いえちょうぼく》が書き残した興味深い日記がある。この日記の中から、今回は「手紙」にまつわる事例を紹介したい。

一八一三（嘉慶十八）年七月下旬の日記に、「瀬戸口小市」という薩摩出身の町人が登場する。その経歴など詳しいことは判らないが、「小市」は那覇に滞在した後、同年七月下旬ごろに鹿児島へ戻る準備をしていた。

「大和船」がいよいよ那覇を出港する前日の七月二十一日のこと、首里の伊江朝睦のもとに小市から一通の「口上書」が届いた。それによると、明日の出帆予定を伝えるとともに、朝睦の手紙「御宿元御書状」を預かって鹿児島に持参し、現地滞在中の朝睦の息子さんに届けるつもりだから、明朝出帆までに手紙をお持ちくださいという至急の連絡であった（原文は『沖縄県史資料編7　伊江親方日々記』）。

「旅役」に出ている息子への手紙

そこで朝睦は、さっそく息子あての手紙を書き上げ、翌日の早朝、仲尾次筑登之を那覇に派遣して小市に届けさせた。日記によれば、仲尾次は港に近い通堂で小市とちょうど行き逢い、この手紙を託したという。

伊江朝睦の息子である伊江親方朝安は、薩摩へ公務出張の「旅役」に出ており、家族は遠く離れて暮らしていた。肉親の安否を気遣う家族の気持ちに、今も昔も変わりない。電話や電子メールといった便利な道具はもちろん無かった当時、「手紙」はもっとも重要なコミュニケーション手段であった。この場合、鹿児島に出張中の息子にあてた父の手紙が、「大和船」で帰る薩摩町人の「小市」に託されたわけである。

ところで、息子にあてた「別の手紙」の写（控え）が朝睦の日記に残されている。原文の味わいを残しながら、その一部を現代文に直して紹介しよう。（　）内の文字は文意の補足解説。

《大和への御状控》

「一筆啓上、みなさん、お変わりなく勤務のこと、うれしく思います。わたしは片時の不快なことも無く、達者（元気）です。蒲戸（孫のカマド）は、書院の小姓（首里城の王様の側仕え役目）、次良（孫のジラー）も下庫理の小赤頭（コアクガミ、士族の若者から選ばれる役目）に任命され、欣然の至り（大変うれしい）です。…中略…御当地（琉球）では、王府の財政がとても苦しい状態です。去年の冊封使渡来時と同じく「国中一統出米」（全国的な課税米）のほか、職人や船の反帆にまで税金をかけており、「万民」は非常に「困窮」しています。なんとか琉球国の利益になるよう、よくよく考えてください。（云々）」

このように朝睦は、薩摩へ出張中の息子に首里の留守家族の近況を知らせるとともに、王府の苦しい財政状況についても包み隠さず、率直な意見を述べている。家族あての私信だからこそ、「本音」が吐露された貴重な史料といえよう。

「海の藻屑」と消えた手紙も

こうした事例は、海上交通と緊密な関わりのある「通信コミュニケーション」の歴史を考える上でも重要である。琉球王府と薩摩藩との公的往復文書だけではなく、個人的な手紙も琉球船や薩摩の大和船で運ばれたことがわかる。帆船交通は天候や風向き等の自然条件に左右されがちで、手紙が届くまでに長期間を要し、島々での風待ちのため目的地まで数か月以上かかることも珍しくなかった。また、途中で船が遭難した場合は、せっかくの手紙も「海の藻屑」と消えてしまう。

こうした海上交通のリスクを常に抱えた当時の事情を考えると、はるばる海を越えて届く手紙には「格別の想い」が込められ、心待ちにした手紙を読む人の喜びもまた大きかったにちがいない。

10　久高島のウミンチュとイラブー漁――海の食文化史

那覇市牧志の公設市場を歩くと、一風変わった「海産物」に出会う。長さ七十〜百二十センチほどの黒い棒状や丸く巻いたものが店先にぶら下げてある。エラブウミヘビの燻製で「イラブー」と呼ばれ、永良部島近海に多く生息することからその名がつけられたという。

沖縄では特別の滋養食で、産後の女性の疲労回復としても珍重されてきた。久高島では、旧暦の六月から十二月ごろ海岸の洞穴に上がってくるイラブーを捕え、燻製にした。それを捕獲する権利は、島の神女のなかで最高位にある久高ノロ、外間ノロ、外間根人の三つの家と村頭だけに許された特権であった。男たちはイラブーを捕るため他の島々へも出漁した。

イラブーの調理法は、かなり手間がかかる。先ず、燻製にしたイラブーをぶつ切りにして数時間煮て、濃厚なスープをとる。そのスープを大鍋に移し、そこに煮込んだイラブー、昆布、豚足、鶏肉など入れてコトコトと五、六時間ほど再び煮こんで出来上がる。イラブー汁は、古くからの薬膳料理として王様が賓客をもてなす料理にも登場した。一八〇〇年に来琉した清の冊封使「李《り》鼎元《ていげん》」は、その印象をつぎのように記録している。

「五月二十五日、食単《メニュー》のなかに海蛇があった。長さは三尺（約九十センチ）ほどで、こちこちで、真っ直ぐで、まるで朽縄《くちなわ》であった。色は黒く、獰猛《どうもう》な様子である。……私は、なんでも食べる性《たち》なので、ためしに型通りに調理させたが、皮ばかりで肉はなく、味はそれほど変わってはいない。しかし、この土地の風として、非常に珍重されていて、貴品としている」（原田禹雄訳注『使琉球記』）。

海蛇の料理に冊封使もおっかなびっくり、食味したようだ。

世界の食文化に詳しい小泉武夫氏（東京農大名誉教授）が実際に食した感想によると、ウミヘビと豚足から煮だされたゼラチンやコラーゲンが豊富に含まれ、「その特有の濃い味とコク味は、これまで世界中のスープを味わってきた筆者にとっても他国に比類するものがなく、地球一濃厚なものである」と、絶賛する（『食の文化遺産 日本編』講談社）。イラブーの見かけは恐ろしいけれど、味の好みは人それぞれ。薬効のほどはいかがなものか。

「海の幸」を活用した対外交易

琉球国王の命を受けて中国で本場の漢方を学んだ渡嘉敷通寛が、帰国後の一八三二年に著した食養書『御膳本草』に、蛇婆《イラブー》の効能が列挙されている。それによると、頭、目、歯の痛みなどをやわらげ、「産後の諸病」、下痢・下血を止め、悪性のおできを治すという。…（中略）…痛風ならびに「婦人調血の要薬」とある。また、伊江親方朝睦の「日記」にも興味深い記事が見える。産後の女性の滋養に「銭十三貫文」でイラブーを買い求めたことや、歯肉の痛みを訴える「妹」に対し、「くすり用、いら部うなじ代料」として「銭二十貫文」を支出したことなどがわかる。『御膳本草』とも符合する処方といえよう。

さらに時代をさかのぼると、一六三九年の進貢船の積荷目録に「えらぶうなぎ」（イラブー）が輸出された事実が明らかである（『鹿児島県史料　旧記雑録後編六』第一九号文書）。ほかにも船荷として、海亀の甲羅や鰹節、ウニ、小魚《スク》の塩辛、つのまたのり（海藻）、ほら貝や、螺鈿《らでん》細工の原料であるヤコウガイの貝殻など多様な海産物を積みこんでいた。まさに「海の幸」をフルに活用した対外交易の一面がうかがえる。

ウミンチュのたくましい姿

久高島の男たちは船頭や水夫として大いに活躍した。また、「飛舟」と呼ばれるくり舟で、王府公用の手紙などを鹿児島へ急いで届けるのも、かれらの重要な役目であった。イラブーを捕りに「屋久島」に出かけた者たちが、諸品物を交易しているとの風聞が薩摩藩の耳に入ったらしい。藩の禁令にもかかわらず、奄美以北の島々で交易するとはけしからん、という通達があったようだ（「仰渡写　道光六年九月」岸秋正文庫蔵）。

こうして久高船の航跡をたどると、北は屋久島、南は八重山まで移動したウミンチュのたくましい姿が目に浮かぶ。その後、廃藩置県で琉球王国は消滅した。しかし、イラブー漁は絶えることなく、一九〇二（明治三十五）年の統計で二万四千六百九斤の漁獲高を記録した（『沖縄県統計書』）。それから百年余りの歳月をへた今でも、イラブーの燻製は市場の片隅で、独特の異彩を放ち続けている。

名越左源太『南島雑話』より
「久高之人大島に来り、永良部鰻魚（イラブー）を取る
（奄美市立奄美博物館所蔵）

11　琉球の漁夫と丸木舟――ブロッサム号航海記から

十九世紀初め、琉球近海に見慣れない一艘の異国船が姿をあらわした。イギリスの海洋調査船ブロッサム号である。

当時、世界各地の海洋調査に情熱をそそいだイギリスは、キャプテン・クック以来の大航海を計画し、一八二五〜二八年には太平洋の測量航海をおこなった。その任務をおびたのがブロッサム号であり、艦長のフレデリック・ウィリアム・ビーチーは北極圏やアフリカ北岸調査の経験をもつ優秀な地理学者として知られていた。

今回の調査は、北太平洋におけるロシアの動向に関する情報収集、ベーリング海峡の探検などを目的とした。一八二五年五月イングランドを出港したブロッサム号は、大西洋を越えてブラジルのリオ・デ・ジャネイロ等に寄港した後、南米大陸のホーン岬をまわり、太平洋のイースター島やタヒチ、ハワイに到達した。

さらにベーリング海峡、サンフランシスコから再びハワイに立ち寄った後、太平洋を横断して一八二七年四月、中国のマカオに到り、それから再び西太平洋を北上してカムチャッカ、ベーリング海峡を経て、五月十七日に琉球へ寄港したのである。また当時、無人島であった小笠原諸島父島に立ち寄り、イギリス領であると宣言した。

人懐っこいウミンチュたち

ブロッサム号は那覇に二週間ほど碇泊し、自然・習俗・歴史などを調査した。そこで初めて出会った琉球の海民(ウミンチュ)について、次のような興味深い記事を航海日誌に書き留めている。

「夜がほのぼのと明けそめて翌朝になると、多くの漁夫たちが櫂をあやつって本艦向けに漕ぎ寄ってきて、かれらの乗る丸木舟を艦の舷側につけた。かれらは数匹の魚をもってきて、それをわずかばかりの煙草と交換した。かれらは魚をロープにゆわえて差し出し、その代償が手渡されるまで、少しも疑うことなく、満足して待っていた」(『ブロッサム号来琉記』大熊良一訳)。

さらにビーチーは、琉球人の小舟に注目した。「かれらの乗る丸木舟は、一隻に五、六人を乗せることができるほどの大きさであったが、二、三人以上の者が乗っているのは少なかった。この丸木舟は大きな木をくりぬいて造ったもので、不細工にできていた。しかし、この舟の内側は竹で編んだもので、綺麗に装飾されているところを見ると、この丸木舟の船大工は、なかなか見事な腕前を発揮できる者のようだ。この丸木舟には舷側の浮体装置はついていないが、その帆は草の繊維で織られたものである」と記している。

ハワイ島民に似ていた？

また、ジョージ・ピアード大尉の観察で興味深いのは、「琉球の漁夫は島の住民とは全く異なった人種のようにさえ見え、かれらはむしろサンドウィッチ諸島（ハワイ）の島民に似ていた」という。おそらく真っ黒に日焼けした風貌に、ポリネシア系海洋民の面影を見たのであろう。琉球の漁夫の顔だちに、ハワイ島民との類似を直感したのである。漁夫の服装をみると、「かれらは藁で巧みに編んで出来た大きな外套と、他の材料でできた肩おおい（ケープ）を身にまとっており、その上に竹で編んで出来た大きな円錐状の帽子をかぶっていた」という。

竹笠をかぶった漁夫たちは、ブロッサム号に小舟を漕ぎ寄せて甲板に上がった。イギリス人に深々と一礼したのち、艦上を熱心に見て回るなど、なごやかな雰囲気だったようだ。

サメ釣りの伝統漁法

琉球人がサメを釣り上げる様子を実際に見たビーチーは、その漁法を詳細に記録した。

「かれらの釣糸はワイヤでできていた。この餌の仕掛けがうまくできると、釣り糸は片身を切りとった餌の飛魚の中にかくされてしまう。数本の釣糸がこのようにして用意されるが、それをのばすと約十尋《ヒロ》もの長さになる。そしてサメが近づくと、丸木舟の速力が速められて、餌があたかもサメの追跡からのがれようとする魚のような格好になる。このようにしてわが艦からあまり離れていないところで、数頭のサメが捕獲された。もし獲物が大きいばあいには、釣糸は慎重にたぐられて、いずれの丸木舟にも、その目的のために用意されているモリをもって捕らえるのである」

このようにサメ釣り漁の現場を具体的かつリアルに観察した記録は、琉球側にも類例を見ない。その意味で、海民（ウミンチュ）の伝統漁法を伝える貴重な史料といえよう。

第二章　渡ってきた人・モノ

1　袋中上人と琉球

琉球へ渡った学僧

京都三条大橋のたもとにある「檀王法林寺」は、琉球とゆかりが深いことで知られる。江戸時代の初め、一六一一（慶長十六）年に袋中良定《たいちゅうりょうじょう》が開創した浄土宗寺院である。袋中は、一五五二（天文二十一）年奥州磐城（福島県いわき市）に生まれ、十四歳で出家、江戸の増上寺などで修行したのち、郷里の成徳寺の住職となった。五十一歳の時、仏教修学のため中国の明へ渡航しようとしたが、果たせなかった。当時、秀吉の朝鮮侵略（文禄・慶長の役）で日明関係が悪化していたためである。

そこで、一六〇三（慶長八）年に琉球へ渡り、尚寧王の帰依を受け、浄土教を広めたと伝えられる。三年間滞在したのち、袋中は再び日本に戻り、京都三条の檀王法林寺を再興し『琉球神道記』や『琉球往来』など貴重な著作を残している。

檀王法林寺に伝わる尚寧王の贈り物

檀王法林寺には、琉球ゆかりの品々が伝来している。その中には、袋中の肖像画（絹本着色縦一〇七・四センチ、横四四・七センチ）もある。袋中が琉球を去った後、薩摩の琉球侵攻で江戸へ連行された尚寧王は、帰国の途次、京都の伏見で袋中と劇的な再会を果たした。尚寧は、自ら筆を取って袋中の肖像を描いたと伝えられる。

尚寧王から贈られたと伝えられる品々の中に、黒漆塗りの大きな飾り棚や、螺鈿細工の掛板などがある。「黒漆塗楼閣人物飾棚」（高さ一一九センチ、横一四九センチ、奥行四五センチ）は、棚の右側上段は両開きの扉、左側は引戸になっている。右の扉には、中国の人物や牡丹の花などを象牙彫りで嵌め込むなど、高度な技法が駆使された漆器である。

次に、「司馬温公家訓螺鈿掛板」（縦一五七・五センチ、横六六・六センチ）に注目したい。司馬温公こと司馬光（西暦一〇一九―八六年）は、中国の北宋時代に活躍した有名な政治家、歴史家である。『資治通鑑』を著したことでも知られる。その家訓を螺鈿飾りの文字であらわした長方形の黒漆塗り板である。家訓とは一族・子孫が守るべき教えのことで、その幸福と繁栄を願った教訓である。この家訓には、次のような言葉が記されている。

司馬温公家訓

積金以遺子孫　子孫未必能守

るのだ」

積書以遺子孫　子孫未必能読
不如積陰徳於冥々之中　以為子孫長久之計
此先賢之格言　乃後人之亀鑑
（口語訳）「お金をたくさん残しても、子孫がそれを上手に使うとはかぎらない。書物をたくさん残しても、子孫が読むとはかぎらない」。「陰徳を積むことこそが、子孫が幸せに暮らす基となるのだ」

すなわち、人に目立たないところで、常によい行ないをすることが大事だという。最後に、「これらは、先賢のいましめの言葉であり、これからの人の行動のお手本である」と結んでいる。

このように人間の生き方の「指針」となる言葉は、時代を超えた教訓として現代に通じる一面がある。司馬温公家訓は、中国の儒教思想や生活規範がどのようなかたちで琉球に伝わったかを具体的に知る上で興味深い。

2　朝鮮陶工と琉球――張献功の人生

沖縄の陶芸文化史で有名な「湧田焼」の古窯は、那覇市泉崎の現在の沖縄県庁付近にあった。一六八二年に王府の政策により湧田、知花、宝口の三つの窯が統合され、現在の壺屋焼へと受け継がれていく。一六一六年、佐敷王子朝昌（のちの尚豊王）が薩摩にいた三名の朝鮮人陶工（一六、一官、三官）を招請し、焼き物技術の指導にあたらせたのが、湧田焼の発達に結びついた。三名のうち一官と三官は薩摩へ帰るが、「一六」は琉球人を妻として仲地麗伸（唐名は、張献功）と称する。

小禄間切當間村（現在の自衛隊基地）に住む安次嶺の娘「真牛」との間に長男麗族、次男麗達が生まれ、五世・麗見（張知徳）の代、一七六五年に先祖以来の功績が認められ、譜代士族に取り立てられる。一族は、のちに窯業以外の分野でも活躍するようになった。

戦争に翻弄された朝鮮陶工たち

張献功の生きた時代、戦争で人生を翻弄された人びとは多い。秀吉の二度にわたる朝鮮侵略（文禄・慶長の役、一五九二〜九八年）に参戦した諸大名が帰国の際に陶工たちを連行し、それぞれ領内に窯を開いた。毛利の萩焼、鍋島の有田焼、細川の上野《あがの》焼、黒田の鷹取焼などいずれも朝鮮系である。島津義弘の軍勢が連れ帰った陶工たちは一説に四十名余り。司馬遼太郎著『故郷忘じがたく候』に登場する、第十五代沈壽官さんもその子孫である。

琉球に派遣された陶工の記録

こうした九州各地の朝鮮陶工の歴史と連動するかたちで、十七世紀初めに来琉した張献功たちが初めて上焼の茶壺や茶碗を焼いた。朝鮮半島に生まれ、戦争を機に薩摩をへて琉球へ、波瀾の人生を送ったのである。「薩摩焼」の謎に迫った研究として、久留島浩・須田努・趙景達編『薩摩・朝鮮陶工村の四百年』（岩波書店、二〇一四年）が注目される。薩摩焼発祥の地・苗代川の風土と歴史を東アジア世界の中に位置づけ、考古学、日本史、朝鮮史、美術史などから多角的に論じている。須田氏によると、十七世紀前半から後半の間に、薩摩藩が領内に散在した「朝鮮人筋目の者」を徐々に苗代川に集住させていく。薩摩藩は彼らを管理・統制し、他所へ婚出することを禁じた（「島津家歴代制度」巻三十一、二〇九三号）。琉球への陶工派遣はむろん藩が認めた例外的なケースである。

次に、重要な手がかりを古文書に探ってみよう。一六一二（慶長十七）年三月二十二日、島津氏家老衆から琉球国の三司官あての覚に「高麗人被指遣候之事」（『旧記雑録　後編四』八九二号文書）とある。朝鮮人の公式派遣を示す最初の記録といえる。先に述べた「一六」ら三名の来琉に先立つ四年前に、別の人物がすでに派遣されていた可能性もありうる。さらに七年後、一六一九（元和五）年九月二十三日付島津老中比志島ほか三名連署覚に「其許へ罷居候壺焼、早々可有御上せ事」と、琉球に居留する「壺焼」を薩摩へ召還せよと命じている（『旧記雑録　後編四』一六四三号）。この「壺焼」陶工たちこそ、湧田窯で朝鮮式の技術を指導した例の一六、一官、三官にちがいない。この帰国命令をうけ二名が薩摩にもどり、一六だけはその後も那覇にとどまり永住することになった。

現在に続く日韓のつながり

さて、現代に話をもどすと、張献功の「来琉四百年」にあたる二〇一六年四月、那覇市牧志の緑が丘公園近くで記念行事があり、わたくしも参列させていただいた。墓前の石碑（写真）に「張氏元祖一六　仲地麗伸墓」と刻まれ、裏面には清朝年号の「光緒十二年」という文字が読み取れる。この碑は一八八六年に再建されたようだ。当日の参加者は張献功の子孫たちだけでなく、一般市民や「東アジア共同体」をめざす研究所のメンバーも姿をみせた。ちなみに、墓前の献花に「日韓親善」と書かれていたことが印象深い。歴史は「過去と現在の尽きることのない対話である」という有名な言葉は、ここにも生きている。

朝鮮陶工たちが心血を注いで作った焼き物は、日本各地の博物館や美術館などに収蔵されている。展示ケースの中でこれらの美しい壺は、いつの日か海を越えてふるさとに帰る、〈望郷の夢〉を見るのだろうか。

墓所に建つ張献功の石碑。
（撮影・著者）

3　海を越えた『源氏物語』――王朝文学の琉球伝来について

「源氏物語」千年紀、この王朝文学が記録の上で確認できる年から、ちょうど千年の節目を迎えた二〇〇八年、これを記念して多彩なイベントが催されている。すでに江戸時代には出版文化の隆盛にともなって、「源氏物語」を題材とした写本・版本が数多く刊行され、普及していた。これにより源氏は近世の庶民教科書や、双六、往来物などにも幅広く受容され、また遊里でも格の高い遊女が身につけるべき教養の一つに数えられた。

十九世紀には、柳亭種彦による翻案小説『偐紫《にせ》田舎源氏』が、爆発的なブームを巻き起こした。これは平安の王朝文学を、室町時代の足利将軍家のお家騒動に移し替え、光源氏の代わりに、武勇と美貌を兼ね備えた主人公、足利光氏が好色を装いながら逆臣の陰謀に立ち向かうストーリーで、庶民の人気を博した。

江戸中期の浮世絵版画（「和歌三神扇合　松葉屋内　喜瀬川」）には、江戸の吉原で評判の遊女が膝の上に本を広げ、くつろいだ様子で読書を楽しむ様子が描かれている。片ひじをついた手前の黒い本箱には、「源氏物語」とある。このように遊里の女が、さりげなく王朝文学に読みふける姿からも、近世社会における「源氏物語」の浸透ぶりがうかがえる。

近世琉球における和文学の受容

次に、別の視点から琉球との関わりについて述べてみたい。近世の琉球では海外交流によって中国文化や漢籍を受容する一方で、和文学も意外に広く流布していた。池宮正治氏によると、琉球の古辞書『混効験集』（一七一一年）には、「源氏物語」の引用が三十二例、「伊勢物語」が十四例ほど確認されている。

また、那覇士族であった阿嘉直識の遺言書（一七七八年）には、子孫が学ぶべき教養として、「源氏」や「伊勢」、「徒然草」などのほかに二条流の歌書、「古今和歌集」、「千載和歌集」、「為家卿集」といった和歌の啓蒙書があげられている。「和書は、伊勢物語・源氏物語・徒々草などの書、精を出し、和漢共に月にねり、歳にきたひ、年々歳々に怠らざる様に、気根を養ひ随分相励み、相学ぶべき事」と、和風の教養を習得することを奨励したのである。これらの書物は、まず実用的な面から受け入れられた。その実用とは和歌を詠むことであり、「源氏」や「伊勢」は、和歌の参考書として読まれたのである。

この種の和風文化が主に士族層に受容されたことは、別の史料によっても明らかである。

一七六二年に薩摩へ貢租を運ぶ途中で台風に逢い、土佐国（いまの高知県）宿毛大島に漂着した琉球船の乗組員からその国情を聞き書きした『大島筆記』に、興味深い記事がみえる。土佐藩の儒者戸部良煕の質問に対して、琉球士族の潮平親雲上は、「琉国にて源氏・伊勢・徒然草など何れも常々見申す杯いへり、此度の船中にも伊勢・徒然を携へり。謡も内外二百番渡り有て、謡ふ事也。浄瑠璃本は近松が作多有り、近年のも来る由いへり」と答えている。つまり、「源氏」や「伊勢」、「徒然草」を船旅に携行しており、また謡曲や浄瑠璃本、近松の新作なども伝来していたことがわかる。

「伊勢物語」は、とくに歌人の間では必読本であったようだ。沖縄三十六歌仙の一人で、尚育王の摂政をつとめた浦添王子朝熹（尚元魯）の旧蔵本が、今日に伝わる（琉球大学図書館・島袋源七文庫蔵）。その後書きから、この写本は肖柏《しょうはく》本の系統であることが知られている。

では、これらの和書はどのような経路で琉球まで流布したのであろうか。まず考えられるのは、鹿児島から那覇へ赴任した「在番奉行」とその周辺ルートである。さらに、琉球王府の役人たちが薩摩や江戸に旅する機会に、和書を購入して持ち帰った可能性も高い。

いずれにしろ、戦前の沖縄県立図書館には和漢の書物が多く収蔵され、なかには島津家から尚王家に贈られた豪華な「源氏物語」もあったという。和文学の地理的伝播という意味で、沖縄は日本列島のまさに「南限」にあたると言えよう。こうした貴重な書物が第二次大戦の戦火で灰燼に帰したことは実に残念だが、「源氏物語」がはるばる海を越え、琉球まで伝わった「歴史の記憶」だけは、永遠に残る。

4　北斎の「琉球八景」――江戸時代の琉球イメージ

葛飾北斎《かつしかほくさい》といえば、江戸時代の有名な浮世絵師で、歴史・美術教科書にも登場する人気画家だ。幕末の一八三二（天保三）年、北斎は「琉球八景」という色刷り木版画を刊行している。この年秋、琉球国から派遣された豊見城王子一行が「江戸上り」をすることになっており、大阪や江戸では一種の琉球ブームが広がっていた。その人気をあてこんで西村屋与八、森屋治兵衛といった商人が売り出したのが、北斎の「琉球八景」である。

北斎の「琉球八景」は、現地の風景を実際に見て描いたわけではなく、実はある「種本」を模倣するかたちで製作された。原作は『琉球国志略』の「球陽八景図」である。『琉球国志略』とは、琉球の国情、風俗、名跡などをまとめた本で、一七五六年に清の乾隆帝から琉球へ派遣された冊封副使・周煌の見聞記である。これは一七五九年に中国の北京で刊行され、のちに長崎貿易を通じて日本にも輸入された。

描き加えられた「富士山」

江戸後期における知識人の琉球認識に大きな影響を与えた『琉球国志略』の挿し絵をもとに、北斎は「琉球八景」を描いたとみられる。八景の画題は、①「泉崎夜月《いずみざきやげつ》」②「臨海湖声《りんかいこせい》」③「久《く》米《め》村竹籬《むらちくり》」④「龍洞松濤《りゅうどうしょうとう》」⑤「筍崖夕照《しゅんがいせきしょう》」⑥「長虹秋霽《ちょうこうしゅうせい》」⑦「城嶽霊泉《じょうがくれいせん》」⑧「中島蕉園《なかじましょうえん》」で、いずれも那覇の名所を描いている。『琉球国志略』のオリジナル図と比較してみると明らかなように、画題や構図がきわめてよく似ており、北斎の模倣であることはまちがいない。つまり、十八世紀中葉に描かれた中国人の「球陽八景図」をモデルに再構成された作品といえよう。しかし、注意深く見ると、原図には無い風景を北斎が一部加筆している点は興味深い。すなわち、⑥⑦⑧の三図の遠景として、琉球の自然風景には実在するはずのない富士山が小さく描かれているのである。

北斎は、なぜ「琉球八景」にわざわざ日本の富士山を挿入したのだろうか。よく考えてみると不思議ではないか。その素朴な「謎」を解くためには、他のさまざまな画像に投影された富士山のイメージを比較しながら歴史的に見ていく必要がある。

富士と異国イメージをからめた作品は、「琉球八景」の他にも類例が存在する。北斎作『富嶽百景』（天保五年）には、江戸へ向かう朝鮮通信使が富士山を仰ぎ見る様子が描かれており、さらに中国東北部に住むオランカイ部族の男女が、富士を遠望する図もある。こうした意識の深層には、山岳信仰とも結びついた独特の観念があった。富士山は古くから「霊峰」として崇敬され、「富士は日本一の山」とも称されたように、日本人のアイデンティティのシンボルともいえる名山として親しまれてきた。北斎が生きた時代には「富士講」という登山信仰も盛んで、関東一円に広がった富士講がおよそ四百以上もあったという。

絵の中の富士の「謎」が氷解

富士山の美しさを讃え、それを崇める人々の心情は江戸の絵画や詩文の世界にも広くみられる。一六九〇年に来日したオランダ人ケンペルは、その著『日本誌』で次のように指摘する。「日本の詩人や画家はよく富士を讃え、富士を描いているが、いくら賞めても賞め足りず、いくら描いても描き足りないのが、偉大な富士の姿なのである」と。

こうした絵画に描かれた富士山は、江戸時代の対外認識との関係において象徴的な意味をもつと考えられている。ロナルド・トビ教授の説によれば、富士山―朝鮮人、富士山―琉球という構図の絵画的表現は、日本人になじみ深い名所風景に「異人」・「異国」イメージをはめ込んで、シンボリックな意味で服従させ、日本国が東アジアの中心だとみなす、一種の「日本型華夷思想」を目に見えるように、図像学的に描き出したものと解釈される（「異人富士―近世日本の歴史図像学への試み」『地誌と歴史』43号、一九九〇年）。つまり、富士と異人をモチーフとする図像は、日本国の「御威光」に従属する異国というイメージを、風景画のなかで象徴的に表しているのである。

このような画像論をふまえて考えると、北斎「琉球八景」になぜ富士山が描かれたのかという「謎」も氷解する。結論的に言えば、日本の象徴である富士山と「異国」や「異人」のモチーフを組み合わせた絵画表現の手法は、けっして偶然の産物ではない。江戸時代における琉球は、幕府から「異国」と位置づけられていた。そのような異国認識との対比において、富士山は「日本国」の象徴として描かれたことは明らかである。

5　ナポレオン風説と琉球――開国前夜の海外情報

フランス革命期に彗星のように現れ、たちまちにしてヨーロッパに大帝国を築き上げたナポレオン。その波乱に満ちた時代を語る「ナポレオンとヴェルサイユ展」を神戸市立博物館で見学した際に、私は歴史上のあるエピソードを連想した。

ナポレオン戦争（一七九七〜一八一五年）によってヨーロッパは激動の時代に突入し、その失脚後にウィーン体制が成立した。やがて産業革命後、欧米諸国は市場を求めてアジアへ進出し、日本をとりまく国際情勢も緊迫した時代を迎えた。その頃、幕末の蘭学者を中心に各種のナポレオン伝が翻訳され、西洋の軍事情勢を知る資料として注目されたという。

島津斉彬もナポレオンに興味を

これらの興味深い史実を明らかにした岩下哲典著『江戸のナポレオン伝説』（中公新書）によると、一八〇三年にアムステルダムで出版されたナポレオンの伝記『ボナパルテの生涯』（リンデン著）は、蘭学者の小関三英の手で翻訳され、『那波列翁伝初編』として流布した。開国前夜の日本において、本書は質量ともに最大のナポレオン伝であった。また、鹿児島大学附属図書館の玉里文庫に所蔵される『那卜列翁伝』（全三巻）は、三英のナポレオン伝訳述草稿をもとに蘭学者の牧穆中が一八四五（弘化二）年に増補した写本である。

その前年、セシーユ提督率いるフランス軍艦アルクメーヌ号が琉球に来航し、開国を迫った。こうした外圧への危機意識が高まるなかでナポレオン伝を熱心に筆写した穆中は、本書を通じて、西洋の砲術制度や海防政策を学ぼうと考えたらしい。

当時、薩摩藩主島津斉彬もナポレオンに大いに興味を持ち、その伝記を側近に読み聞かせたり、日本の豊臣秀吉に比すべき人物だと評していた（『島津斉彬言行録』）。

天下統一をなしとげた秀吉とヨーロッパを制覇して皇帝の地位についたナポレオン。この二人は軍人として台頭し、「英雄」となった共通の一面がある。しかし反面、戦争に巻き込まれた近隣諸国から「侵略者」と恐れられた。ヨーロッパを軍靴でふみにじり、無数の血を流したナポレオンと同じく、領土拡大の野望に燃えた秀吉も「文禄・慶長の役」で朝鮮を侵略し、隣国に多くの犠牲と悲しみをもたらした歴史的事実は否定できない。

「私の辞書に、不可能という言葉はない」と豪語したナポレオンだが、一八一二年のロシア遠征、一八一五年のワーテルローの戦いに敗れ、南大西洋の孤島セントヘレナに流され、屈辱の幽閉生活のうちに五十一歳で亡くなった。遺髪からヒ素が検出され、イギリスの謀略による毒殺説もあるが、真相は不明だ。いずれにせよ、ナポレオンの運命はついに「武器をもつ者は、武器で滅びる」といわれるように、絶海の孤島で悲壮な最期をとげたのである。

ナポレオンが驚いた「武器のない琉球」

ところで、琉球の人々が武器を持たず、戦争をしないことを聞いて、ナポレオンが驚いたという話がある。一八一六年に琉球を訪れたイギリス海軍のライラ号艦長バジル・ホールらが帰国の途次、翌年八月十三日にセントヘレナ島に立ち寄り、琉球での見聞を語ったのである。ナポレオンは若い頃、ブリエンヌの士官学校でホールの父親と顔見知りだったこともあり、うちとけた雰囲気で会談したようだ。

ホールの会見記によると、琉球には武器も戦争も無いというホールの話に、ナポレオンは衝撃を受けたらしい。「武器がないのだと。それでは、大砲も小銃も持っていないのか、と彼は叫んだ。私はマスケット銃さえ持っていませんと答えた。『そうか、少なくとも槍や弓矢を持っているのだろう』と問われて、私は槍も弓もありませんでしたと答えた。…（中略）…ボナパルトは、拳を振り上げ、声を張り上げて、『しかし、武器がなくてどうして戦争をするのか』と言った」。

ホールは自分が知り得た限り、琉球の人々はいまだかつて戦争をしたことがなく、内外ともに平和な状態を維持しています、と答えた。ナポレオンは、軽蔑的で疑い深い口調で、「戦争をしないとは」と叫んだという。この世にそんな民族がいることが、彼には信じられなかったようだ。ただし、実際には在番奉行所が管理している鉄砲類は、異国人の眼にふれぬように隠蔽されていたのである。

ナポレオンが、沖縄の現状を知ったら？

ナポレオンの時代から約二百年、日本でも原爆をはじめ悲惨な戦争を身にしみて経験した。その歴史の苦い経験から生まれた憲法九条の「戦争放棄」は、諸民族の多くの犠牲の上に築かれた「血の代償」であることを忘れてはならない。かつてヨーロッパ人に平和で牧歌的な島という印象を与えた沖縄の島は、第二次大戦後に米軍基地がつくられて以降、戦闘機の爆音、ヘリ墜落事故、性犯罪など多くの問題に住民は悩まされ続けている。この沖縄の現状を、もしナポレオンが知ったら驚愕するにちがいない。

6　地球儀と望遠鏡――幕末のオキナワと世界

在野の歴史家として有名な服部之総の著作の中に、「汽船が太平洋を横断するまで」という短編が収められている（『黒船前後・志士と経済』岩波文庫）。幕末変革期における極東の島国・日本が、カリフォルニア金鉱の発見以降、否応なく世界史の渦中に巻きこまれていく開国の前史を興趣あふれる筆致で描いたこの短編は、私の愛読する文章である。この中で服部は、〝近代〟の一つの象徴として、蒸汽船の歴史的役割に注目している。

十九世紀以降、琉球近海にもこの蒸汽で走る「黒船」がしきりに姿をみせた。宮古の『多良間島往復文書』（『多良間村史・歴史資料編Ｉ』〈王国時代の記録〉）を読んでいると、「火輪船」つまり蒸汽船の接近をつげる記事が多く、琉球王府も欧米列強による外圧・異国船問題に忙殺されていた様子がわかる。「島」の世界にも確実に時代の波はおし寄せていたのである。

こうした欧米船の琉球寄港は東アジア開国史の一環として現象化したものであったが、それは琉球人にとって、これまで見たこともない西洋の珍奇な文物にふれる機会ともなった。ここでは、そうした歴史の断面を物語る「史料」を通して、島から世界をかいまみる手がかりとしたい。

一八一六年琉球に寄港したイギリス海軍のライラ号艦長B・ホールの航海記の中に、次のような場面がみられる。

今朝早く、首長たちの代表が来艦し、国王につぐ地位にあり王位継承者でもあらせられる王子が、本日の午後、アルセスト号を訪問されるであろうと告げた。…（中略）…王子は、この船のさまざまな珍しい品物について色々と話を聞いているので、自分の眼でそれを見たいものだ、といいながら立ち上った。そして地球儀のそばへ行くと、注意深く観察し、イ、ン、ギ、リ、ス、や琉球や広東《カントン》（中国）、日本、マニラ、北京の位置を教えてくれるように求めた。

（ベイジル・ホール著・春名徹訳『朝鮮・琉球航海記』岩波文庫、二三一〜二三三頁）

これは、初めて「地球儀」を見た琉球人の好奇心に満ちた態度を示す。視点がマニラや北京へ向けられている点も興味深い。また王子は、小型望遠鏡とロンドンの地図をプレゼントされた（同、二五〇〜二五一頁）。これより先、一七九七年に宮古島海域で測量中に座礁したイギリス船プロヴィデンス号の記録によれば、島民の補給をうけて出帆するさい、「彼らがほしそうだった小望遠鏡と、わが国民の到着を記録した覚書に添えて、船の画を贈呈した」時、彼らは非常に喜んでそれを受け取ったという（ウィリアム・ロバート・ブロートン「北太平洋探検航海記」須藤利一

『異国船来琉記』法政大学出版局、一九七四年、六九・八五頁)。

民衆も含めた交流においては、航海観測用の六分儀の望遠鏡に多くの関心が集まった。ホールの航海記に、「ちょうど器械は台の上にのせてあったので、彼らの好奇心を満たしてやるには何の支障もなかった。角度も調整ずみであったから、ただ彼らは望遠鏡の筒に目を押しつけさえすればよかった」という。人々の反応については、「多くの者は、シェードを変えたときに、反射像の色が変化するのを面白がっていたが、拡大率の大きなレンズを使っているために、望遠鏡を通してみたとき、二つの太陽の像が運行するさまが、はっきりわかることの方にいっそう驚いている者もあった。自分たちが見たものの意味を理解しようと努めた者も二、三いたが、私の見るところでは、それを把握できたのは次良だけのようである」と記される(ホール前掲書、二二八頁)。

琉球人にとって、望遠鏡が珍奇な機械として映った以上に、「地球儀」に接したとき彼らはこの不思議な物体に頭をひねった。琉球王府の役人から薩摩藩あての一八五三年の報告は、地球儀について、「手毬(てまり)之様成丸物」と説明し、「右丸物は天文地理を見候道具と嘆人申候由」と注釈を加えている(『琉球王国評定所文書』第六巻、三〇九頁)。これらの西洋文物は、琉球から薩摩藩のもとへと送られた。幕末の封建領主の中で早くから開明思想の持ち主として知られ、「明治維新の設計者」とも称される人物に島津斉彬がいる。その机上にはつねに地球儀がおかれていたというが、おそらくそれは琉球伝来のものではなかったかと思われる。

7　近衛家に伝わる名宝・金彩磁器

京都国立博物館で開催された「王朝文化の華――陽明文庫名宝展」を観覧する機会があった。この展覧会では、近衛家の「陽明文庫」に所蔵される国宝八件・重要文化財六〇件を含めて、およそ一四〇件が公開された。「陽明文庫」は昭和十三年、近衛家二十九代当主で内閣総理大臣も務めた近衛文麿（一八九一―一九四五）によって設立された。

近衛家は、平安時代を代表する貴族・藤原氏の直系に当たり、藤原道長自筆の「御堂関白記」、和歌の遊びを記録した「歌合(十巻本歌合)」巻第六など、華やかな宮廷貴族文化を今に伝えている。

黄金色の豪華な白磁の杯

ここでは、江戸時代の日本に中国から伝来した琺瑯彩磁器《ほうろうさいじき》にスポットをあて、モノをめぐる文化交流史の一端を探る。「琺瑯彩」とは、一八世紀に始まった陶磁器の上絵付技法の一つで、清の康熙時代後半から乾隆初期にかけて特別に創られた。近衛家の陽明文庫に伝来する「白磁無地金彩馬上杯金珐瑯」は、黄金色の豪華な白磁で、高台の形から馬上杯とよばれる。径一五・五センチ、高二一・〇センチ、外面は本体、蓋《ふた》とも「金彩」を施し、内側の白磁には寿字に双龍をからませた彫文がある。

二十七代目の当主近衛《このえ》家熙《いえひろ》（一六六七〜一七三六）の言行を記録した侍医、山科道安の「槐《かい》記《き》」に「先年薩州より献上」とあることから、島津家からの献上品とみられる。家熙は、これを茶の湯の「菓子器」として用いた。ちなみに、島津家は和歌などの文化を通じて京都の公家文化の影響を受け、近衛家との姻戚関係が深い。四代薩摩藩主島津吉貴の妹にあたる亀姫は、近衛大納言家久に嫁ぎ、亀姫が死去すると、五代藩主島津継豊の姉である満君を迎えた。さらに幕末にはNHK大河ドラマの主人公で有名になった「篤姫」が、近衛忠熙の養女となっている。

きらびやかな金彩磁器は、このような島津家の姫君たちの嫁入りなどの際に、あるいはプレゼントされたのかもしれない。また、清朝時代につくられた「唐物」という点から、清と琉球との朝貢関係に関わるモノである可能性が高い。

京都—薩摩—琉球—北京をむすぶ

では、どのようなルートで伝わったのであろうか。琉球国王の清朝皇帝への朝貢には、特別の回賜品（お返し）があった。そのような唐物の一部が島津家、さらに近衛家への贈答・献上品として十八世紀に移動したのではないか。つまり、京都―薩摩―琉球―北京をむすぶ伝来経路である。

次に、北京の紫禁城（今の故宮博物院）の一角に「乾清宮」とよばれる宮殿がある。清の雍正帝が即位した翌年の一七二四（雍正二）年、北京に到着した琉球国の使節たち（王舅・翁国柱、正議大夫・曾暦）は、この乾清宮で皇帝に謁見した。「雍正帝在乾清宮召見琉球王舅翁国柱、頒賞給該国国王御書扁額、玉器、彩緞等物」（中国第一歴史档案館編『清代中琉関係档案四編』）とあるように、皇帝自筆の「御書扁額」をはじめ、貴重な玉器や緞子（絹織物）などを賜ったことがわかる。

いずれも宮廷工房でつくられた高級品だが、ほかにも「金琺瑯有蓋靶碗六個」（『中山世譜』巻九）などを賜ったことが琉球側の記録から明らかである。「蓋」につまみが付いた「金琺瑯」の碗である。色やかたちは、陽明文庫のそれとよく似ている。おそらく景徳鎮などの宮廷工房でつくられたであろう。こうした清朝の高級磁器が琉球にもたらされ、さらに薩摩の島津家を媒介として日本に伝来した可能性は極めて高い。

8　近衛家の陽明文庫に伝わる「孔林楷杯」

近衛家熙と程順則

近世琉球を代表する儒学者の程順則（一六六三〜一七三四年）は、二十代の頃から五回、中国に渡って学問を深め、彼が中国から琉球に持ち帰った教訓書『六諭衍義』には、人が人として守らなければならない六つの教え（六諭）が分かりやすくまとめられている。「孝順父母」いたわりあう親子関係を築くこと。「和睦郷里」ふるさとの自然や人を愛し仲良く助け会うこと、等々。この『六諭衍義』は、八代将軍吉宗に献上された後に室鳩巣《むろきゅうそう》によって和訳され、江戸時代の寺子屋の教科書として全国に広く普及したことで知られている。

近衛家の「陽明文庫」

程順則は、近衛家熙との交流があった。公家の名門で「五摂家」の筆頭である近衛家は、書画・詩歌・茶道などにすぐれた人材を輩出した。昭和十三年、当時の近衛家の当主で内閣総理大臣であった近衛文麿が設立した財団法人「陽明文庫」には、平安時代の摂政・太政大臣藤原道長の自筆日記『御堂関白記』（国宝）をはじめ、千年以上にわたる近衛家伝来の古文書、日記、書状、古美術品など約十万件におよぶ資料が保管されている。

「陽明文庫」に約三百年前の琉球ゆかりの文物が現存していることが、二〇一八年に沖縄県教育庁の調査で確認された。文化財課史料編集班の外間みどり主幹は、「当時の一流の文化人である近衛家熙と、程順則や蔡温との緊密な文化交流の様子をうかがうことができる」と、今回の調査の意義を述べている。一七一五（正徳五・清の康熙五十四）年、程順則から摂政近衛家熙に贈られた「孔林楷杯《こうりんかいはい》」と呼ばれるもので、縦二六センチ、横二一・五センチの大きさ、内側に金泥が塗られている。「孔林」とは中国山東省曲阜《きょくふ》にある孔子一族の墓地の名称で、この杯は孔林にある槐の木の根元を切り作られた。儒教の祖である孔子は、東アジア世界で「聖人」として崇められた。

名護博物館前にある程順則（名護親方）の像。程順則は 1728 年に名護間切の総地頭となり、以後、名護親方と呼ばれるようになる。

その孔子にまつわる「楷杯」の贈り物は、近衛家にとっても名誉なことであったにちがいない。近衛家煕は、献上品を受け取った礼状に「御感悦不斜、恭御秘蔵御事候」（とても感激し恭しく秘蔵しております）と、楷杯を手にした喜びを表している。

このような珍しい楷杯が、海を越えて琉球にもたらされ、さらに京都の名門貴族に秘蔵されるまでの歴史的経緯については『程氏家譜』に記されている。それによると、康熙四十五（一七〇六）年十一月二十三日、進貢使節の正議大夫として那覇を出発した程順則ら一行は、福州に到着した翌年の康熙四十六年九月二十六日、山東省済寧に到り、曲阜の孔子廟に参拝した。その機会に、「孔林楷杯」を入手したとみられる。十月一日に済寧を出発、同月二十六日に北京に到着。程順則が琉球に帰ったのは、康熙四十七（一七〇八）年六月二日。一年余りにおよぶ長旅をへて、「孔林楷杯」は中国から琉球まで運ばれてきたわけである。

江戸往還の旅

その後、琉球国王尚敬が江戸へ派遣した使節団の一員として程順則は、康熙五十三（一七一四）年五月二十六日、鹿児島へ向け出発した。江戸に到着したのは十一月二十六日。徳川将軍との謁見を終えて、翌年に帰国する途中の正月九日、近江（滋賀県）の草津に滞在していた程順則のもとへ、京都から近衛家熙の使者がやってきた。鴨川にある近衛家の別邸「物外楼《ぶつがいろう》」に寄せた詩文を作ってもらえないかという要望である。これに応じて詩文を贈った程順則は、例の「孔林楷杯」を家熙に贈ったものとみられる。その現物が三百年の歳月をへて、今日まで大切に保管されてきたのである。

ちなみに、曲阜の孔子廟に植えられている楷の木は、初め弟子の子貢が植えたと伝えられ、今日まで植え継がれてきている。落葉高木、雌雄異株で材質は堅く、香りも高い葉は複葉で秋に美しく紅葉する。枝や葉が整然としているので、書道でいう「楷書」の語源ともなったといわれている。孔子ゆかりの「学問の木」は、日本各地の孔子廟に植えられている。また、日本国憲法の施行五十周年記念樹として、国会議事堂前庭にも二本植樹された。

このような楷杯を詠んだ漢詩のほかに、程順則や蔡温が近衛家別邸の「物外楼」に寄せた書なども陽明文庫に現存する。

9　香りの文化史——ジャスミン茶と抹茶

「暑い毎日ですね、お茶を一服どうぞ」——ジャスミン茶の香りは緊張をほぐし、心のやすらぎをもたらす。頭が重く感じるときなど気分をすっきりさせる効果がある。ジャスミンというのはモクセイ科オウバイ属の植物の総称で、亜熱帯に分布し、二十種以上もあるという。中国では茉莉花茶《モーリーホアチャー》とか香片茶《シャンピェンチャー》と呼ばれる。沖縄で一般に飲まれているお茶としてサンピン茶が知られているが、これはもともと中国で「香片」と呼ばれるジャスミン茶が沖縄に定着したものであり、王国時代から中国との交易で福建茶が輸入されたことに由来する。

養生の仙薬

西洋のコーヒー・紅茶文化に対し、東洋では緑茶が愛好されてきた。鎌倉時代の栄西の『喫茶養生記』に「茶は養生の仙薬なり。延命の妙術なり」とあるように、茶に薬用的な性質があることは古くから知られていた。江戸時代には数えきれないほど多くの「茶店」が繁盛し、明治以降の「喫茶店」の先駆けともなった。

琉球における茶の栽培は、『琉球国由来記』によれば一六二七年に金武王子朝貞が茶の種子を薩摩から持ち帰り、自分の領地である金武間切漢那村（現・宜野座村）で栽培したのが始まりとされる。民間で広く愛飲されたサンピン茶とは別に、首里王府や禅寺には早くから抹茶の茶道文化が伝わっていたようだ。その証拠に首里城跡から多量の天目茶碗が出土している。喫茶の風習とともに日本に伝来した茶碗は、もともと中国渡来の唐物青磁、白磁、天目であるが、江戸時代に入ると、瀬戸物の茶碗などが広く流通するようになる。

抹茶の喫茶法

一七一九年に尚敬王の冊封使として来琉した徐葆光は、こう記している（原田禹雄訳注『中山伝信録』榕樹書林）。

「茶碗の色は黄色い（白地のものはない）。青緑の花や草が描かれている。……中略……茶碗の上には、小さい木の蓋が作られており、朱塗や黒塗である。茶碗の下には中空の茶托（天目台）が作られており、その作りはかなりのものである。茶碗はやや大ぶりである。茶は二、三分目くむだけである。菓子の小さな塊を匙におくが、これは中国の献茶の法を学んだものである」

続けて、抹茶について記している。「国内の茶のたてかたは、抹茶に粉をまぜて、少しばかり碗に入れ、お湯を茶碗半分ほど入れ、茶筅《ちゃせん》で数十回かきまわす。泡がたって茶碗いっぱいになったところで、客にすすめる」

こうした抹茶の喫茶法は、禅宗とともに首里の円覚寺、天界寺などに先ず伝わったものと考えられる。円覚寺の開祖は、京都の南禅寺の流れを汲む芥隠承琥《かいいんじょうこ》である。のちに首里城にほど近い崎山に「御茶屋御殿」が創設され、そこに薩摩の在番奉行衆を招き、しばしば茶会が催された。十八世紀前半には、福建から製茶法が導入された。一七三一（清の雍正九）年に知名親雲上朝宜（向秀美）が福州で製茶法を習得して帰国し、清明・武夷・松羅といった銘柄の茶樹を西原間切の棚原村の山野に植え、「茶園」を開いた。そこで栽培にある程度まで成功し、「国用」に供された（『球陽』尚穆王二十一年条）。

久米島の地頭代を代々つとめた上江洲家でも茶の栽培に取り組んだが、もっぱら自家消費と贈答用であった。王府は朝貢貿易を通じて大量の中国茶を福州から輸入し、鹿児島の知覧茶や熊本の人吉茶なども一部で流通した。これらの輸入茶に比べると、琉球の国産茶はごくわずかであった。

ドイツ人の紀行文

一九二五（大正十四）年ごろ沖縄に旅したユダヤ系ドイツ人の生物学者、リヒャルト・ゴールドシュミット博士（一八七八―一九五八年）は、茶について興味ある記述を残している（『大正時代の沖縄』平良研一・中村哲勝訳、琉球新報社）。

「不思議なことには、世界のどこよりも多く茶が飲まれているこの地方に、茶の木が少ないのである。日本人や中国人は大の茶飲みであり、常々私は、彼らを上回る者はいまいと考えていた。ところが、琉球人は彼らをはるかにしのぐのである。大人も子どもも、貧しきも富めるも、朝から晩まで絶えずお茶を飲んでいる」

「土地の人は日本の緑茶ではなく、香気のある実にうまい福建地方の花茶を飲んでいた」

香りのある「花茶」とは、もちろんサンピン茶のことだ。博士はさらに続けて、「われわれは名護近くの山地の人里はなれた炭焼き小屋で、そこに住んでいる一人の青年から実にうまい中国花茶のもてなしを受けた。その地方は、自己栽培によって楽々とその需要にこたえることができるにもかかわらず、やはり外からの購入にたよっている。このことは、ほとんど信じがたいほどの不経済なことといわなければならない」。茶の自給生産につとめ、輸入依存の体質を脱却すべしという意見だが、残念ながら今日まで実現していない。

沖縄は他府県に比べて、中国の影響を受けて豚肉料理が発達した。脂っこい料理のあとにジャスミン茶を飲むと、口の中がさっぱりするため中華料理店でよく出される。ちなみに、博士はビール好きのドイツ人らしく、沖縄の酒についてもユニークな見解を披瀝しているので、その一部を紹介しよう。

「このように脂っこい豚肉を食う人たちが、さらに何か飲みたくなるのは当然である。実際、琉球にはバイエルンにおけるビールと同じような大衆的な飲み物、泡盛がある。…（中略）…この泡盛は米の蒸留酒であるが、日本酒にはまったく似ておらず、また中国のシャムチュウにも相当しない。それは非常に強く、大方薄めて飲まれ、しかも日本酒のように燗《かん》をしてではなく冷で飲まれる。その風味は一種独特で、飲む人にとって好感と反感が相なかばしている（大方は前者に傾いている）」

9　香りの文化史

10　ブクブクー茶——那覇の庶民生活風景

こんもりと盛り上がったソフトクリームのような「白い泡」。沖縄のブクブクー茶は、もともと船出・旅立ちなど祝いの席で飲まれた縁起のよいお茶だ。一八七六（明治九）年に那覇で生まれ育った伊波普猷は、こう述べている。

「中流以上の婦人社会では、一寸《ちょっと》したお祝いなどに、客を集めて会席を喫する時、ブクブクーを立てて、茶酒盛をやる。……茶筅《ちゃせん》でかきまぜると、ねばねばした濃い泡がブクブク立ってビールの泡みたいに盛り上がる。琉球語では泡をアーブクといい、泡の立つ形容をブクブクというから、ブクブクーの意味が、それで能くわかる」（『伊波普猷全集』第十巻）。好きな人は十杯以上もお代わりしたが、「胃袋に入った泡は、たちまち消えて、げっぷとなって出るので、ちょうどビールを飲んだ後のように気持ちがいい」と、ユーモラスな雰囲気を伝える。

この風変わりなお茶は、いつごろから飲まれたか、その起源について定説はない。北部九州の博多商人により伝えられたとする説や、薩摩の在番奉行の茶会で偶然に出来たという説もあるが、根拠に乏しい。むしろ日本の茶道とは異なるルートで、中国の福建あたりから伝わったのではないか。福建はもともと茶の本場で、琉球は進貢貿易を通じて大量の中国茶を輸入していたのである。

いずれにせよ、明治・大正期から昭和の初めごろ、那覇の一部の地域で特に女性に愛好された「ブクブクー茶」だが、戦後、まったく姿を消し、「幻のお茶」ともいわれた。

一九九二年ごろ、「沖縄伝統ブクブクー茶保存会」によって復興され、保存普及活動につとめている。飲み方は茶碗を両手でもち、泡の上の方から、ばくっと飲み込む。箸やスプーンなどは使わず、茶碗をとんとん指で叩いたり、飲み口を廻したりしながら、「豊かな泡立ち」を味わう。「茶道」のお手前のような礼儀作法、精神修養の決まりごとはなく、誰でも気軽に飲める。

東町の風景

戦後沖縄を代表する写真家山田實さんは、一九一八（大正七）年に兵庫県で生まれ那覇東町で幼少期をすごした。「ブクブクー茶」の懐かしい想い出を語っている。「冷たい不思議な飲み物だった。泡に特に味はなく、泡の下に茶が入っていた。鼻に泡をつけながら、お茶を飲み干した。あの味は今でも忘れられない」。

ガジマルの樹が茂る東町の広場にあった「露天市」の日常風景も興味深い。大正から昭和初期の沖縄では織物の生産が本格的になり、那覇の泊から絣《かすり》織物の技術者が南風原村に移り住み、地元の人たちとの技術の交流もさかんに行われた。有名な「南風原絣」も那覇の布市（ヌヌマチ）で売られており、「南風原からおばさんたちが来ては、むしろを敷いて絣の反物を売っていた。おばさんたちが布を広げると、ぷーんと絣独特のにおいがした」と、山田さんはいう。夏の暑いさかり、大きな唐傘を広げて布を商う女たちは、ブクブクー茶をよく飲んだ。商品の反物をマクラにのんびりと、昼寝する人もいた。車の往来もほとんど無い古き良き時代、ブクブクー茶売りのおばさんが、東町の露天市にやって来る様子を、山田少年は眼にした。中華そばの配達で使うような箱の中に上段、下段にそれぞれ三つ、あわせて六つの茶碗があった。原料はお米で、ブクブクと白い泡が茶碗からはみ出すように盛り上がっている。泡の上にすりつぶしたジーマーミの粉をふりかけて飲み、暑さとのどの渇きをいやす。値段は一～二銭、今日のアイスコーヒー代ほどで愛飲された。親戚のおばさんたちが集まってブクブクー茶を飲んでいる場面にでくわすと、子どもたちも「おすそ分けしてもらった」という。

泡が涼しげなブクブクー茶

一つのブクブクーザラから、泡を「分け合って飲む」という共食の精神があり、心のふれあいが生まれる。楽しくおしゃべりし、飲んだ後に出るゲップも許し合える、おおらかで庶民的なお茶会である。

ブクブクー茶の「作り方」

伝統食文化に詳しい安次富順子さんの本を参考に、ブクブクー茶の作り方を紹介させていただく。

①白米を茶褐色に焼き、その米の十倍の水で約二十分煮出し、まず「煎り米湯」をつくる。

②サンピン茶と番茶で茶湯をつくる。

③ブクブクーザラと呼ばれる直径二十五センチもある大きな鉢に煎り米湯と茶湯を入れ、長めの茶せんで泡をたてる。十分から十五分ほど茶せんを振り続けると、きめ細かな、しっかりした泡になる。

④サンピン茶を注いだ茶碗にその泡を移し、ソフトクリームのように高く盛り上げ、ジーマーミ（落花生）の粉をふりかけると、ハイ出来上がり！　どうぞ、お試しください。

参考文献『山田實が見た戦後オキナワ』（琉球新報社編著、二〇一二年）
安次富順子『ブクブクー茶』（ニライ社、一九九二年）

第三章　琉球史への旅

1　中国・杭州の旅――西湖のほとりを歩く

一九九九年の夏休み、中国の浙江省・杭州市を訪れる機会があった。浙江大学の日本文化研究所創立十周年記念シンポジウムに参加するため、上海からマイクロバスに乗って西南へ約二百キロ、二時間半で杭州に着く。二千年以上の歴史をもつ古い都市で、中世には東アジア有数の貿易港としても栄えた。十三世紀、モンゴルの皇帝フビライの時代にこの地を訪れたイタリアの商人マルコ・ポーロは、杭州の経済発展ぶりに驚き、「世界中でもっとも豪華で、繁栄した町」と讃えた。現在の杭州は人口六百万、長江デルタの政治・経済・文化の中心で、全国有数の観光地としても知られる。市街地のすぐ西に広がる西湖は、杭州のシンボルともいうべき湖で、歴史上の有名な美女、西施にたとえて西子湖ともよばれた。

マルコ・ポーロの旅行記『東方見聞録』によれば、西湖で舟遊びを楽しむ人々の様子が興味深い。

「この湖には、舟遊びのための大小の舟が沢山ある。十人、十五人、二十人乗り、またはそれ以上の大きさの舟があり、舟の大きさは十五歩から二十歩の長さで、平底であり幅は充分にありよく均衡がとれている。家族を載せて舟を出すとか、男同士で舟遊びを楽しもうと思えばこの舟を雇えばよく、舟には座席、テーブルなどの他、宴会に必要な物は全て完備していた。…（中略）…このために湖上の舟遊びは陸上ではとても味わえない魅力がある行楽であった。舟から岸に目をやると、見渡す限り杭州の街が拡がり、数知れない宮殿、寺院、僧院、多くの樹木がそびえ立つ庭園、湖になだらかに下ってくる坂道など杭州の街の全ての美観と栄光を見ることができたのである」

私は杭州に着いた翌朝早く、同行の友人である藤田明良氏と散歩に出かけた。二十分ほど歩くと、西湖の岸辺が見える。朝もやにつつまれた静かな湖面を小舟が行き交い、遠くにうかぶ島々、湖をとりまく山々の織りなす、精妙な自然のシルエット。その風景はまるで水墨画の世界を見ているように美しく、感動的であった。

ところで、かつて中国を訪れた琉球国の進貢使節一行は、福州と北京とを結ぶ三千キロの旅で運河を利用し、河川交通の要衝である杭州にも滞在した。有名な政治家・蔡温の父にあたる蔡鐸も、西湖のほとりで遊覧のひとときを過ごした。その喜びをあらわす漢詩が『観光堂遊草』（一六九〇年序）に収められている（上里賢一注釈『琉球漢詩選』参照）。

遊西湖

會傳西子中勝
今日来遊見所聞
満地寒梅和靖骨
経霜古樹岳王墳
六橋楊柳披残照
三竺清鐘湿暮雲
水気年年香不散
青衫泛艇自氤氳

西湖に遊ぶ

かつて云う西子湖中の勝
今日来たりて遊び　聞きし所を見る
満地の寒梅は和靖《なせい》の骨
霜を経し古樹は岳王の墳
六橋の楊柳　残照を披《ひら》き

三竺の清鐘　暮雲を湿《ぬ》らす
水気　年年　香り散ぜず
青衫《せいさん》　艇を泛かぶれば自ら氤氳《いんうん》たり

【大意・解説】西湖の風景のすばらしさは前々から伝え聞いていたが、今日ここに来遊し、実際に見ることができた。湖のほとりに咲きほこる梅は、林和靖（湖の孤山に隠棲した文人）の白骨がまるで花と化したかのようだ。古びた樹のはえているあたりに、岳飛（非業の死をとげた南宋の武将）の墓がある。蘇堤にかかる美しい六橋は柳につつまれて夕陽に照らされ、暮れゆく雨雲のなかで、三竺（霊隠寺の南方）の澄んだ鐘の音が聞こえる。湖のほとりに降る雨にも、梅の香りは散ずることなく、青い衣をまとい船をうかべると、ほのかに梅の香りがただよってくる。

十七世紀を生きた琉球人の眼に映った西湖の風景が、イメージ豊かに表現された味わい深い詩である。その美しい景観は二十世紀の今も変わることなく、旅人の心をなごませてくれる。

2　杭州の古寺探訪――霊隠寺の周辺

今回の歴史散歩のコースは、杭州の古寺探訪である。前回に紹介した西湖から西方へ約二キロの山中に、杭州最大の禅寺として有名な「霊隠寺」を訪ねた。

中国の禅宗十大古刹のひとつに数えられ、西暦三百二十六年、インドの僧がこの地に飛来し、寺を創建したという伝説をもつ。最盛期には三千人もの僧侶を擁したが、長い歴史のうちに荒廃を繰り返し、現存の建物は清代に再建されたという。

現在、参道にはみやげ物屋が並び、大勢の参拝客でにぎわっている。門前には十世紀ころの北宋時代に造られた巨大な石塔が建ち、壮厳なたたずまいを見せている。山門をくぐり、大雄宝殿に入ると、高さ約二十メートルにも達する金色の釈迦牟尼像、観音菩薩像に圧倒される。天王殿には、「雲林禅寺」という清朝皇帝直筆になる扁額が掛けられている。

寺の向かい側に「飛来峰」と呼ばれる岩山があり、渓流沿いの岩壁や洞窟には、十世紀から十四世紀にかけて数百を越える仏像が彫られている。その摩崖仏の前で記念写真をとる一般の参拝客も多い。

十七世紀末、杭州に滞在した琉球使節の程順則（名護親方）は、この霊隠寺や飛来峰を訪れている。詩文集『雪堂燕遊草』に、次のような漢詩がみえる。

飛来峰
峰既能飛来
何不仍飛去
落落寺門前
誰人堪與語

飛来峰《ひらいほう》
峰は既に能く飛来せり
何ぞすなわち飛び去らざらん
落落たる寺門の前
だれか与《とも》に語るにたえん

【大意・解説】この飛来峰はかつてインドから飛んで来たという。なぜ、ここに定着して飛び去らないのか。この大きな寺の門前で、私は誰と語り合い、想いをわかちあえばよいのだろう。

この詩には、古寺の門前にたたずむ旅人の寂しげな想いが感じられる。

さて、約三百年後の現在に立ち返ると、香煙が絶えない寺の境内で多くの老若男女が熱心に祈りを捧げている姿が印象深い。人生の悩み、苦しみから救いを求める人びとの切実な願いは、やはり昔も今も変わらない。一九九九年十月、建国五十年を迎えた社会主義の新中国でも、民間宗教は相変わらずブームのようだ。

市場経済が進行するとともに貧富の格差も拡大し、「貧困」層と「富裕」層との亀裂が深まっている。こうした貧富の両極化は、とくに都市部で数千万人の失業者を生み、社会不安を助長している。ニュースでも話題になったように、数千万人ともいわれる信者を集めた気功集団「法輪功」の台頭は、まさに象徴的な事件であった。経済発展や金銭至上主義では満たされない庶民の心のすき間に、宗教が深く入り込んでいるのである。

十九世紀の清朝の衰退期に活発化した白蓮教徒の乱や太平天国の乱のように、中国史上では、宗教がらみの大規模な民衆運動がしばしば起こった。二十一世紀を目前にした今日、時代の大きな転換期を迎えた国家と宗教をめぐる歴史のうねりが、「法輪功」事件の背後に流れているのではないだろうか。

香煙のたちこめる古寺からの帰り道、そんな想いが私の心をふっとよぎった。

3　琉球人の中国旅行体験――イギリス使節との出会い

人生における偶然の出会いが、ときに忘れがたい想い出として心に残るように、見知らぬ土地に旅して、思いがけず見知らぬ人に出会うこともまた、楽しい体験である。

今回の歴史散歩は、十八世紀末に中国へ旅した琉球人とイギリス人の偶然の出会いをとりあげてみたい。

今からおよそ二百年前、一七九三（乾隆五十八）年の晩秋、中国の浙江省杭州の南を流れる運河に沿って、琉球の進貢使節が清の都・北京をめざして旅をしていた。ちょうどその頃、イギリス外交使節団が北京からの帰路、広東へ向けて琉球人と逆方向に同じ運河を船で南下していた。それは、イギリス国王ジョージ三世の特命全権大使ジョージ・マカートニーの一行であった。英国から中国へ派遣された最初の外交官として知られるマカートニーの旅行記録が、のちにロンドンで出版されている。その『中国訪問使節日記』（坂野正高訳注・平凡社東洋文庫）の中に、イギリス人の眼に映った杭州の町や近郊農村の風景が次のように記録されている。

「今朝、杭州府から南へむけての旅に出発した。私は轎《カゴ》で行き、二時間以上かかってこの都市［杭州］を通り抜けた。見たところ、ここは私がはじめに想像した以上に大きく、人口も多かった。家並みはきわめて密集している。街路はごく狭く、幅広の扁平な石で舗装されていて、ロンドンのストランド街と並行して通っている裏小路を少なからず思い出させるものがある。ほとんど全ての家屋が店舗である。通りがかりの何軒かの店に、大量の毛皮や広幅黒ラシャや小幅織物を見かけた。その大部分はカントンに来たイギリス船によって輸入されたものと思う。町の郊外はきわめて美しく、広々とした湖があり、立派な運河が一つといくつかの小さい運河があり、頂上まで耕されたなだらかな丘があり、丘と丘の間に点々と桑畑や背の低い果樹園があり、その周りから樫やサイカモア楓や樟《クスノキ》が影を落としている」（『日記』十一月十四日条）。

数日後の十一月十八日、中国役人の仲介により、琉球使節二名が運河に停泊中のイギリス人の船を訪問し、お互いに親しく語らいのひとときを過ごした。このときの出会いの様子が、マカートニーの日記に興味深く書きとめられている。

「今夕、王大人（中国人で通州協副将の王文雄）が私の船に二人の貴公子を連れてきて、北京へ赴く途中の琉球諸島の国王の使節であるとして私に紹介した。琉球国王は二年に一回、定期的にこのような使節を福建省の廈門《アモイ》（正確には福州）に送り、そこからこの道を通って皇帝の許へ、彼らの主君に代って忠順の誓いと貢物とをささげるために赴く。彼らは中国語を上手に話すが、自国語をも有している。それが日本語に近いのか朝鮮語に近いのか、私にはよくわからなかった。彼らの話によると、ヨーロッパの船はまだ琉球諸島に寄港したことがないが、もし来航すれば歓迎されるであろう。外国との交際に対する禁令はない。首都からさほど遠くない所に、どんな大きな船でも停泊させることのできる良い港がある。そこは町も人口もかなり大きい。…（中略）…彼らは好男子で、顔のつやもまずまず色白といえるほうであった。物腰も上品で、話はおもしろく、口数も少ないほうではなかった。云々」（『日記』十一月十八日条）。

このとき、杭州の近郊を流れる運河の船上で、イギリス人と面談した琉球国の「二人の貴公子」とは、いったい誰であろうか？　琉球側の記録等によれば、進貢正使の美里親方（毛国棟）と、副使の城田親雲上（毛延柱）であったことがわかる。

ところで、この偶然の出会いをきっかけにマカートニーは琉球に関心を抱き、その未知の島々を訪れたいという希望を抱いた。彼は日記の中で、「もし、事情が許すならば、この琉球諸島を探検することは無駄ではあるまいと思う」との感想を書きとめている。しかし、その希望は残念ながら実現せず、帰国したマカートニーは琉球人に再会することなく、一八〇六年に世を去った。

4　北京に旅した琉球人——チベット仏教寺院を訪ねる

北京オリンピックの聖火リレーにからむ騒動で、チベット問題やダライ・ラマの言動が世界のマスコミに注目されたことは記憶に新しい。チベットと中国の複雑な歴史的関係の一端を知ることは現代社会の理解にもつながる。そこで北京のチベット仏教寺院「永安寺」と「雍和宮《ようわきゅう》」に焦点をあて、琉球との歴史的関わりを具体的に探ってみることにしたい。

清朝が建立した多くのチベット式寺院

清朝とチベットの関係についてまず概観しておこう。十八世紀の内陸アジアではモンゴル系のジュンガル族がチベット仏教文化圏の盟主を自負し、モンゴル・東トルキスタン・チベット一帯に勢力を広げていた。清の乾隆帝はジュンガルに遠征軍を送り、さらにウイグルを征服、チベットも保護下に組み入れた。一七二〇年、清の大軍はジュンガル占領下のチベットに進駐し、ダライ・ラマ七世を即位させると共に、チベットを間接統治するようになった。一七二八年には内乱を鎮圧した宰相ポラネが、事実上のチベット国王となった。しかし、一七五〇年チベットで反清暴動が起こると、再び清朝による直接統治が色濃くなった。

清朝は、チベット仏教を通じてモンゴルやチベットとの政治的な融和をはかるため、熱河や北京に多くのチベット式寺院を建て、満州大蔵経を編纂した。紫禁城（故宮）の近く北海公園にそびえる観光名所の「白塔」は、順治帝の時代に創建されたチベット式仏塔である。この白塔下にある「永安寺」にはダライ・ラマ五世像が安置されている。

「永安寺」に下賜された琉球漆器

北京に派遣された琉球の朝貢使節は、紫禁城で皇帝に謁見した。琉球使節は数多くの献上品を携えて北京に赴いた。

これらの献上品の中で現在も故宮博物院に収蔵される興味深い一例として、チベット仏教にゆかりのある「永安寺」に、琉球漆器の「黒漆宝珠双龍螺鈿東道盆」が伝来した。東道盆とは、儀式や客人接待の際に料理を盛る蓋付きの豪華な漆器のこと。この東道盆は銀製の皿が十五枚セットで収納され、螺鈿細工の双龍文に台座に金箔を施した最高級品である。また、「嘉慶九年十一月十四日収永安寺」と墨書した紙片が付帯する。

これを手がかりに推測すると、この琉球漆器・銀皿セットは清朝へ献上されたのち、嘉慶九（一八〇四）年十一月に紫禁城外の「永安寺」に移管されたと考えられる。南の琉球から遠く北京へ運ばれたこの贈り物は、チベット仏教の儀式や宴会で実際に使用された可能性が高い。

金色に輝く巨大な仏像

故宮の北東にある「雍和宮《ようわきゅう》」は、北京最大のチベット仏教寺院として知られる。漢族、満族、モンゴル族、チベット族の建築様式が一体となって混じりあい、独特の雰囲気をかもしだす。一六九四（康熙三十三）年に創建され、即位前の雍正帝はここを住居とし、一七四四年に乾隆帝がチベット・モンゴル政策からチベット仏教寺院とした。その意味で、雍和宮は多民族からなる中国の象徴ともいえる。

歴代皇帝のなかでも、乾隆帝はとくに熱心なチベット仏教徒であった。広大な敷地に建ち並ぶ牌楼群、天王殿、大雄宝殿、永祐殿、法輪殿、万福閣、照佛楼には、チベット仏教を信奉した皇帝ゆかりの品々や仏具が多数展示されている。「万福閣」に安置された金色に輝く立派な弥勒菩薩立像は、高さ二十六メートル（地上部分は十八メートル）、一木造りの仏像としては世界最大級で、ダライ・ラマ七世が乾隆帝に贈った白檀の香木を彫ったものという。ネパールの王様がインドより持ち込んだ白檀の巨木をダライ・ラマが多数の宝石と交換して手に入れ、乾隆帝に贈呈した。これを三年がかりで北京に運び、さらに三年かけて巨仏を彫り上げ、その外側を包むように建つ「万福閣」が一七七〇年に完成した。いかにも大清帝国らしい壮大なプロジェクトだが、これを実現した宗教的情熱とエネルギーがチベット仏教への深い信仰に根ざすことを忘れてはならない。

「雍和宮」を訪れた琉球人

さて、琉球からはるばる北京にやって来た琉球使節たちもまた、チベット寺院「雍和宮」を訪れ、かねて噂に聞いていた金色に輝く仏像に驚嘆した。それを裏付ける興味深い史料を紹介しよう。一八二三年に琉球の久米村で生まれた伊計親雲上こと蔡大鼎《さいたいてい》は、三十七歳のころ中国福州に渡り、四十四歳の時には再び福州に赴き、通事としてのキャリアを積んだ。一八七二年には進貢使の一員として中国に派遣され、福州─北京往還の唐旅で多くの漢詩を詠んだ。彼の詩集『北燕游草』には「雍和宮を謁す」と題する、注目すべき作品が収録されている。（原文と読み下し文、大意を示す）

謁雍和宮（雍和宮を謁す）
金身曾聴莫高之（金身曾《かつ》て聴くも之より高きは莫し）
方謁如来像最奇（方に如来に謁すれば像最も奇なり）
層閣恰登青漢上（層閣恰《あたか》も登る青漢の上）
宜乎先帝箇中居（宜《むべ》なるかな先帝箇中の居なるは）

大意は次のようだ。金色に輝く仏像だとは聞いていたが、こんなに背の高い仏像は他にあるまい。この如来仏を目の当たりにすると、その立派さに驚くばかりだ。高くそびえ建つ仏殿の楼閣は、まるで青く澄みわたる空にかけ登るかのようだ。なるほど、先帝（雍正帝）が、この雍和宮を住居としたのもうなずける。

蔡大鼎は北京滞在中のある日、チベット仏教寺院の雍和宮を訪れ、その強烈な印象を漢詩に残したのである。この雍和宮からさほど遠くない所に、琉球の留学生（官生）たちが学んだ「国子監」があった。金色に輝く巨大な仏像を見た琉球人は、おそらくチベット僧とも会ったにちがいない。

5　福州の旅――一九二九（昭和四）年の紀行文

中国の福州は、琉球の歴史にとってゆかりの深い町である。この地を訪れた人びとは、王国時代から現代にいたるまで数え切れないが、福州の風景や印象を書き残した資料は意外にも乏しい。その空白を少しでも埋める材料として、ある歴史家の紀行文を紹介したい。日本のイスラム・中東研究の先駆的学者として知られる前嶋信次（一九〇三年生～八三年没）である。

日本の風景に近い閩江の岸辺

一九二九年（昭和四）年十一月から十二月にかけて、当時二十六歳の前嶋は、神田喜一郎博士に伴って、約一か月間にわたり福州に旅した。その見聞体験は台湾の新聞『台湾日日新報』などに掲載され、のちに「福州の秋」と題して、『世界紀行文学全集』第十一巻（修道社、一九五九年）等に再録されている。

昭和四年（中華民国十八年）の十一月初め、前嶋らは、福州に向けて台湾北部の基隆《キールン》を出港した。一夜明けて甲板に出ると、日本人や中国人など多くの旅客が早朝の潮風を吸いつつ、大陸の山河を眺めていた。

閩《ビン》江下流の「馬尾《バビ》」で汽船を降りる。馬尾の港は、雨に煙っていた。港の中央の小島に高い塔が見えた。水上生活を営む「蛋民《タンミン》」が舟を漕ぎ寄せてくる。船頭は女性だ。一様に青い衣服に赤い髪飾りなどをつけ、日焼けした健康そうな美しい丸顔の女たちであった。

馬尾で発動機船に乗りかえ、さらに福州をめざす。閩江の岸辺には田んぼが広がり、「両岸の風景は日本の刈り入れ時とよく似ていて、台湾の風景よりも遥かに多く日本の風景に近いように思われた」と、前嶋はいう。やがて、福州の「南台」に到着する。南台の船着き場は、かつて琉球使節の一行が上陸した場所だ。日清戦争後、日本人の旅客も福州を訪れるようになり、南台には日本や欧米の領事館、会社が立ち並び、にぎやかな中国人街やデパートも数軒あったようだ。

「南台の市街の情景は、よほど台北とはちがっていた。七百年ほど前、元の時代にかけたという総石づくりの大橋をわたり、小さな山を一つ越えると福州城の南門に出る。そのあたりを右往左往する中国人にまじり、浴衣がけの日本婦人の姿などもまれには見受けられた」という。

歴史の古い面影を残す町

南門から福州城内に入ると、左側に「烏石山」が見える。そこには多くの廟や古い石碑がある。当時、近代化の波は福州にも押し寄せつつあったが、依然として歴史の古い面影を残す町であった。前嶋は、こう述べている。

「福州城内は一部は市区改正を行い、近代化したところがあったが、大体は昔ながらの古都の面影をのこし、電車はなく、自動車も少数で、赭《あか》色の人力車が素晴らしく大きな音の鈴を鳴らしながら元気よく走っていた。古い古い町なのである。平安朝のはじめに弘法大師が遣唐使の船にのってここに漂着したときは、もう立派な都会だったというから、その古さが思われる。ことに屋敷町を通ると、黒ずんだ金泥《こんでい》でかかれた進士の額（科挙の合格者。進士を出した家は、門上に扁額を掲げて家門の誉れとした）が、あちらにもこちらにも眺められ、街をゆく人々も落ち着いて何処となく気品があった」という。

福建省政府衙門（役所）の前を西に入り、さらに北に折れた城内の西北隅に、後街（アウケー）と呼ばれる一角があった。「真昼でも、しんと澱《よど》んだ静寂が支配し、数百年間もたまった時代の塵がそのままひっそりと積もっているような所であった」。

「福州の晩秋は台北よりもずっと寒いが、空は澄みわたって、まことに爽快であった。南台の山の上から閩江を眺めたその青さと輝かしさは忘れられない」。「閩江の秋の水を、多数の帆船が悠々とすべるように走っていた」という。

　以上に紹介した紀行文は、今日ではもう見ることができない福州の情景を伝える貴重な記録である。やがて一九三〇年代に入ると時代は暗転し、日中戦争へと向かう。それ以前、福州を訪れる機会に恵まれた前嶋は、この町の風物を心から愛し、古老たちの話に耳を傾けた。彼は時勢に左右されることなく、福州の町と閩江の美しい風景を心静かに眺めることのできた幸福な人であった。

6　南蛮の旅から――大航海時代のポルトガルと琉球

ポルトガルに旅して、「大航海時代」の南蛮文化の遺産や史跡などを見てまわる機会があった。首都リスボンからバスにゆられて約一時間、ロカ岬をめざす。ヨーロッパの最西端に位置するこの岬には、十字架をかたどった記念碑がポツンと建っており、十六世紀のポルトガルの詩人カモンイスの有名な言葉が刻まれている。「ここに地果て、海始まる」。まさにユーラシア大陸の西の果て、眼前に広がる大西洋から吹く海風をうけてロカ岬の断崖に立つと、〝地の果て〟を実感する。

大西洋に船出したポルトガル人にとって、故国との最後の別れを惜しむ岬であったことから、「涙の岬」とも呼ばれたという。長い航海の途中で船が遭難するなど、生きてふたたび、故国の地を踏むことができない者も多かったので、船乗りたちの心にロカ岬の風景は、とりわけ感慨深く刻まれたのであろう。

リスボンのホテルで世界地図を広げてみると、ヨーロッパから遠く離れたアジアまでの航海がいかに大変な旅であったか、しみじみと想像される。未知の世界への夢と野望、そして不安を乗せたヴァスコ・ダ・ガマの船団は、一四九七年七月に家族や知人らに見送られてリスボンの港を出帆し、アフリカ西岸沿いに南下して喜望峰をまわり、翌年五月にインドのカリカットに到達した。このインド航路の発見を契機に、ポルトガルの大航海時代が本格的に始まったことはよく知られている。

ところで、地球の反対側に視点を向けると、東アジアでは琉球王国が十五世紀ごろから海外貿易をさかんに展開していた。琉球船の渡航先は東南アジアのシャム（現在のタイ）をはじめ、マレー半島のマラッカやパタニ、ジャワ、パレンバン、スマトラ、スンダの各地に広がり、総計百隻以上にのぼる。とくにアジア有数の貿易港であったマラッカには各地から商船が来航し、中国人、マレー人、アラブ人、インド人、ジャワ人など数多くの民族が居住し、異質な文化がまざりあった国際都市として繁栄した。一四六三年、琉球国王尚徳はマラッカ国王マンスール・シャー宛に書簡を送り、中国産の高価な絹織物や陶磁器などをプレゼントしている。

一五一一年、マラッカを攻略したポルトガルはこの地に要塞や商館を設け、貿易拠点として支配した。マラッカ商館に勤務したポルトガル人トメ・ピレスは、アジア各地から集まる豊富な情報をもとに『東方諸国記』を著した。十六世紀初頭におけるポルトガル人のアジア認識を示す代表的な著作として知られる本書の中に、彼らが「レキオ」と呼んだ琉球人について興味ある記述がみえる。

「マラヨ（マレー）人は、マラッカの人々に対し、ポルトガル人とレキオ（琉球）人との間には何の相違もないが、ポルトガル人は婦人を買い、レキオ人はそれをしないだけであると語っている…（中略）…われわれ（ヨーロッパ）の諸王国でミラン（イタリアの都市ミラノ）について語るように、中国人やその他のすべての国民はレキオ人について語る。かれらは正直な人間で、奴隷を買わないし、たとえ全世界とひきかえでも自分たちの同胞を売るようなことはしない。かれらはこれについては死を賭ける。」と述べている（生田滋ほか訳注『東方諸国記』、大航海時代叢書V、岩波書店）。

さらにピレスは、琉球船がマラッカに運んで来る積み荷について言及し、黄金や銅、あらゆる種類の武器（刀剣類）、生糸・絹織物、手箱の工芸品などをあげている。

7　マラッカ海峡——東西交易の要衝

マレー半島西岸とスマトラ島の間に位置するマラッカ海峡は、古くはインドと中国という二つの文明圏をつなぎ、さらに西と東の二つの世界をむすぶ幹線航路の役割を果たした。全長約八百キロメートルの細長い海峡沿岸を支配したマラッカ王国は、十五世紀から十六世紀初めにかけて、アジア屈指の通称・貿易国家として栄えたことで知られる。

世界各地の商人たちが、豊富で多様な産物を求めてマラッカに来航した。錫《すず》、金銀、銅、サンゴ、べっ甲、真珠貝、胡椒、丁香《ちょうこう》、白檀《びゃくだん》、象牙などが、スマトラ島、ジャワ島、モルッカ諸島からマラッカに集荷された。また、中国産の生糸や絹織物、陶磁器、漢方薬、鉄製品の針や鍋など、さらにインド産の綿織物、ガラス、宝石なども運ばれて来た。

十六世紀初めにマラッカのポルトガル商館に勤めたトメ・ピレスが『東方諸国記』の中で、マラッカの支配者となる者は、（イタリアの）ヴェネチアの喉元に手をかける、と述べたように、まさに東西交易の要衝であった。

マラッカの港ではしばしば八十四種の言語が話されているとピレスが驚いたように、多様な民族や商品が行き交う国際貿易港であった。

イスラム文化圏

かつて琉球船もマラッカに来航した。琉球王国の外交文書『歴代宝案』によれば、一四六三年から一五一一年までの間に約二十隻が派遣されたことがわかる。琉球とアジアの交流の歴史を裏付ける『歴代宝案』の編集事業の一環として、私は二〇〇二年の夏休みにマレーシアでの現地調査に参加することになった。

那覇から台北・香港経由の飛行機は、八月二十六日午後七時過ぎ、マレーシアの首都クアラルンプール空港に着く。着陸直前に視界に入ったヤシ林の向こうに、真っ赤な夕陽が沈みゆく風景が印象深い。

翌日の午後、マラッカへ向う。高速バスで二時間半、およそ百五十キロの距離である。午後六時四十分、バスは夕暮れのマラッカ市街に入った。翌日はいよいよ史跡見学の予定だ。晴天に恵まれることを願って、眠りにつく。

早朝、コーランを唱える敬虔な祈りの声で、眼がさめる。町のモスクのスピーカーから流れているようだ。眠い眼をこすりながら時計を見ると、五時半過ぎ。窓の外はまだ薄暗い。異教徒の旅人にすぎない私は、早朝のモーニング・コールならぬ、この「モーニング・コーラン」に驚いた。「やはり、マラッカはイスラム文化圏なのだ」と、改めて実感した。

　ポルトガルに征服される以前、マラッカは主要貿易港であったばかりでなく、イスラム神学研究の中心地でもあった。琉球船がマラッカを訪れた当時、すでに国王のスルタンをはじめ、多くのイスラム教徒たちが住んでいた。いまでもマラッカの町を歩くと、三重の瓦葺き屋根をもつカンポン・クリン・モスクなど、立派なイスラム寺院が見うけられる。

ポルトガルの要塞

　セントポールの丘にわずかに痕跡をとどめるポルトガルの要塞跡（サンチャゴ砦）を訪れた。城門を入り、丘へ通じる石段を登りつめると、カトリック教会の廃墟を眼にする。傍らに、キリスト教を日本に初めて伝えた聖フランシスコ・ザビエルの彫像が立っている。ザビエルはマラッカから日本布教に旅立ったのである。今は教会堂の壁だけがポツンと建つ、わびしい光景だ。そのせいかどうか、ザビエル像の白い横顔が悲しげに見える。

　マラッカ王国の宮殿やモスクの建物は、まったく跡形も無い。一五一一年のポルトガルの侵攻によって破壊されたのである。王国の滅亡後、それまで例年のようにマラッカを訪れた琉球船も姿を見せなくなったといわれる。

ポルトガル人は、破壊したモスクの跡地に教会と堅固な要塞を築いた。マラッカの要塞に関する史料によると、「それは強固で、周囲の塔の中に二つの真水の井戸があり、他にも二つ三つある。一方の端では海がそばまで来ており、他方は河に接している。要塞の壁は非常に厚い。見張り塔は、それを見慣れている地域［ヨーロッパ］でもこのような［立派な］ものは見られない。それは五層で、そこから四方に大小の砲が発射される」と記されている（トメ・ピレス『東方諸国記』四八〇頁）。

セントポールの丘から、マラッカ海峡が遠くに見える。この地を占領して軍事・通商上の拠点を築いたポルトガルは、海からやってくる敵の艦隊に向かって大砲を放った。マラッカ陥落後、半島の南端に逃れてジョホール王朝を興した王国の末裔たちは、故国の奪還をめざし、何度か攻め寄せた。しかし、ポルトガルの堅固な要塞と大砲の威力に阻まれたという。

血なまぐさい過去の歴史がまるで夢だったかのように、ひっそり静まりかえった現在のマラッカの町をぼんやり眺めていると、不思議な気持ちになる。丘のふもとの住宅街の向こうにレストランや高層ホテルなどが建ち並び、遠く水平線上にタンカーや貨物船などが行き交う。そうした海峡都市の平穏な風景が目の前に広がっていた。

8　〝忘れられた島〟——薩南三島の旅から

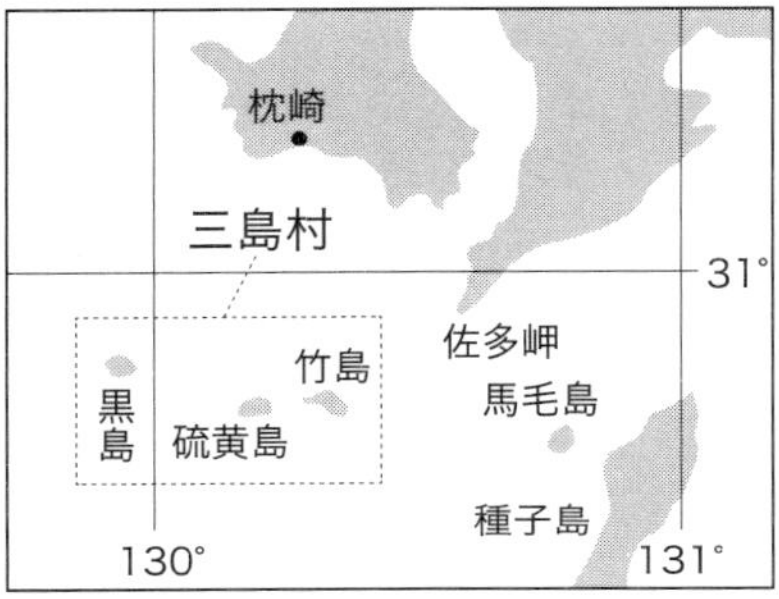

薩摩半島から南へ約五十キロ、東シナ海に浮かぶ島々を訪ねる機会があった。黒島・硫黄島・竹島をあわせた「三島村」である。歴史調査の仲間たちを乗せた村営船三島丸は、午前九時すぎに鹿児島を出港し、緑の竹林におおわれた竹島にまず入港する。

記録によると、室町時代に九州と沖縄を往来した船が立ち寄ったこともある。応永三十（一四二三）年頃、筑前博多の船が沖縄から帰る途中、竹島の籠浦に寄港したのだ（『種子島家譜』）。この船が暴風で沈んだという知らせが島津太守忠国の耳に入り、さっそく使者を派遣したところ、硫黄島の海賊たちが漂着船の乗組員を殺し、財物を奪い取ったことが明らかとなった。これは、南九州における海賊の動きを示す興味深い一例である。

三島丸はさらに黒島へ寄港する。全島に樹木が黒々と生い茂り、鎌倉時代までは黒尾嶋と呼ばれた。平家伝説の遺跡も残る。私たちは民宿に荷物を置くと、さっそく大里集落から数十メートル離れた共同墓地をたずねた。海の見える丘陵にびっしりと並ぶ墓石が、島の歴史の古さを静かに物語っている。松が生い茂る一段高い場所に、「大墓」と呼ばれる五輪塔があり、平家の落人の子孫の墓と伝えられる。『三島村誌』によると、徳治二（一三〇七）年頃、硫黄島の長浜太夫家から移り住んだ日高権之丞吉為らの供養墓らしい。

黒島の琉球人墓

ところで、一九五五（昭和三十）年の写真集『忘れられた島』（岩波写真文庫148）に、黒島の「琉球人墓」の写真が収められている。当時、島の太夫（神主）であった日高袈裟之進（故人）の話として、「至る所に琉球人墓というのがある。琉球王から島津侯への上納船がこの付近で難破し、溺死した船員の墓である」と記されている。

三島の近海は潮流が激しいため、琉球船の遭難も十分に考えられる。『中山世譜』に、康熙十四（一六七五）年六月、鹿児島へ派遣された野里親雲上安宣が、薩摩半島の枕崎で「溺死」したという記事がある。だが、黒島の遭難に関する記事は見当たらない。今回の調査で、私たちが大里の墓地を調べた限りでは、琉球人墓らしいものは残念ながら確認されなかった。なお、村の最高齢者で百一歳になる日高ユキエさん（明治三十五年生）のご教示によると、例の「大墓」の後ろにある墓群が、琉球人の墓ではないかという。ただし、これを裏付ける文献や碑銘はなく、やはり推測の域を出ない。それにしても、『忘れられた島』の写真が撮られた五十年ほど前、琉球人墓の伝承があったことは事実であろう。古文書の少ない島でも豊富な民話や伝説を語り継ぎ、世代を超えて歴史を共有してきた。

現在、過疎化と高齢化が急速に進む離島では、歴史の記憶をバトンタッチする若者や子どもたちの姿はめっきり少なくなった。その意味で、「忘れられた島」は予想外のスピードで増えつつあるといえよう。

硫黄島に来た糸満漁師たち

硫黄島もこうした現実に直面するが、私たちは幸いにも岩切一夫さんから興味深い話をうかがうことができた。昭和二十年代ごろまで沖縄の糸満漁師がサバニを漕いで数十名ほど島にやって来たという。真っ黒に日焼けしたたくましい男たちで、海辺の小屋で数か月ほど生活しながら漁を続けた。夜は浜辺で歌や踊りに興じ、なかには島の娘と仲良くなる者もいたらしい。明治二十八（一八九五）年、トカラ諸島を巡歴した笹森儀助の『拾島状況録』によれば、宝島の近海でフカ漁に従事する「沖縄県糸満人」は「夜網ヲ張リ、自ラ来リ拘ルヲ待チ、翌日之を捕フ」と記される。沖縄、奄美、トカラから九州沿岸まで魚を追って移動していた、かつての海民（ウミンチュ）の姿を彷彿とさせる。

このような歴史の記憶を語り継ぐことの重要性を実感した旅であった。

9　トカラ列島への旅

ユネスコの世界遺産の縄文杉で有名な屋久島の南に、トカラと呼ばれる島々がある。漢字で「吐噶喇」と書く。風変わりで、どことなく魅力的な響きをもつ名前だ。鹿児島県の十島村《としまむら》に属するトカラ列島は、北から順に口之島、臥蛇島、中之島、平島、諏訪之瀬島、悪石島、宝島などが点々と連なっている。

印象的な宝島への上陸風景

二〇〇一年夏、トカラに旅する機会があった。琉球大学法文学部の高良倉吉氏を代表とする歴史・民俗・考古・言語学などの合同調査メンバーとして、中之島に数日間滞在したのである。奄美の名瀬港からフェリー「としま」に乗って、早朝四時に出港、真っ暗な海を北へ約三時間半、ようやく朝日が昇る頃に「宝島」が見えてくる。

一九四一（昭和十六）年、宝島で民俗調査をおこなった宮本常一は、夜間の上陸風景を印象深く記している。「宝島についたのはすっかり暗くなってからで、船が入港の汽笛をならすと、何十というほどの炬火が里の方から列をなして出て来、その火をふりかざしながら小舟が汽船にこぎ寄せて来る。われわれはその船に乗って上陸した。海岸には火をかざした人びとが待っていた。海岸は珊瑚礁であった」（宮本常一著作集第17巻『宝島民俗誌・見島の漁村』未來社、一九七四年）。このように昔は汽船が沖合いに停泊したまま、乗客らは小舟で上陸したのである。しかし、今は港も整備され、大型フェリーが接岸できる。

今回のわたしたちの旅は、台風の影響で調査日程の変更を余儀なくされた。そのため、宝島には残念ながら上陸せず、中之島へと向かった。

「七島灘」トカラと漂流船の記録

「海上の道」とも呼ばれる黒潮は、沖縄・奄美の島々をへて北上し、トカラ近海で大きく方向を変える。そのためトカラは「七島灘」と呼ばれた航海の難所で、漂流船も多かった。

次に、中之島に漂着した琉球船の記録（『十島村文化財調査報告書』第二集）を具体的に見てみよう。それは、琉球王国時代に馬艦船《マーラン》と呼ばれた帆船で、勝連間切比嘉村の平良親雲上の持船であった。一八四一（天保十二）年四月十五日、那覇を出帆した同船は、宮古島に向かう途中、四月二十一日に激しい風波にさらされ漂流し、五月三日、中之島の「やる瀬」という海岸に漂着した。幸いにも救助された乗組員らは中之島の役人から食糧（拝借米）を与えられ、琉球に帰ることができた。

ヤマト文化と琉球文化の〈境界〉

こうした琉球船の他に、はるか遠く朝鮮半島からトカラに漂着した船なども多い。海には「国境」など無いことを、つくづくと感じる。トカラ列島は、地理的に九州のヤマト文化と琉球文化が混じり合う、一種の〈境界〉にあたる。そのため、日本列島の文化的多様性や特質を解明する上で、トカラ研究は重要な意味をもつ。

そのことに早くから注目した文化人類学者でドイツ・ボン大学のヨーゼフ・クライナー教授は、「トカラの海から見た日本文化」（『沖縄文化』33巻2号）という論考の中で、つぎのように述べている。「日本文化と海とのかかわりあいについて語る場合にトカラの島々から出発することは決して不思議なことではなく、むしろ意義のあることと確信して良い」と。

トカラの歴史の古層には、さまざまな奥深い史実が埋もれているようだ。今後、島々の歴史や文化をじっくりと見つめ直し、海を越えた琉球・奄美・トカラの島々とのつながりを探ってみたいと思う。

10　沖永良部島――奄美・沖縄の境界を越えて

沖永良部島を含む奄美諸島はかつて琉球王国の支配下にあったが、一六〇九年の薩摩の琉球侵略により薩摩藩領として割譲され、さらに明治の廃藩置県で鹿児島県の一部となり今日に至る。こうした歴史から行政区分としての「県」の境界が沖縄と奄美の間に横たわっている一方で、風俗習慣や言語の面からみると、両地域はかなり親近性がある。わたくしは沖永良部島に滞在した折、「ありがとう」を意味する「ミヘデビロ」という言葉を耳にした。沖縄の「ニフェーデービル」とそっくりで、同じ意味だと教えられた。

政治的境界を越える言葉

沖縄学を開拓した伊波普猷は、一九二一（大正十）年に教育会主催の夏期講習会の講師として沖永良部島を訪れた。島の人々と交流した体験をふまえ、次のように述べている。

「今度、沖永良部に行った時は、少しも沖縄県外にいるような感じがしませんでした。向こうの人達も、久し振りに帰省した友人を迎えたような気持ちでいましたろう。…（中略）…帰る間際に、和泊の婦人会から依頼されて、特に沖縄語で演説を試みた時、これが殆ど全部了解されたのは意外でした。この時私は、三百年間の政治も政策も私達の精神的連鎖を断ち切ることが出来なかったのを見て、愉快に感じました」（伊波普猷「渡琉日記を紹介す」）。

伊波のいう「三百年間の政治」とは一六〇九年以後、薩摩藩に割譲された奄美と琉球の分断統治を指す。その政治的状況にもかかわらず、共通の言語文化アイデンティティに支えられた「精神的連鎖」が存在することを、伊波は実感したのである。

ところで、幕末の薩摩藩士名越左源太が奄美大島に五年間流刑中、島の暮らしを詳細に書き綴った『南島雑話』という著名な記録がある。それによると、「三味線」は「皆琉球より求め来る」という。つまり、奄美では琉球を通じて楽器（サンシン）を入手していたのである。『南島雑話』ではサンシンを手にした男が描かれ、「乞食」と説明されている。「本琉球ヨリ来ルモノ多シ」とあり、当時、琉球からやって来た放浪芸人のような生活をしていたものと想像される。

伊波と同じく一九二一（大正十）年二月、大島や加計呂麻島を訪ね歩いた民俗学者柳田国男は、「沖縄芝居」の一座が巡業に来ていることに着目した。沖縄・奄美民謡の親近性を感知し、「島の歌、半分是も沖縄なり」と、旅の手帳に記している（『南島旅行見聞記』）。また、和瀬峠の茶屋で「蛇皮線」を弾くのを聞いたりもした。

これらの民謡や楽器（サンシン）は、沖縄・奄美の政治的境界を越えた文化交流の一面であり、それは興味深いことに海民（ウミンチュ）の移動とも関わっていた。たとえば、糸満の漁民たちが「（大島）名瀬海岸にも多く往来」し、また久高島の漁民らが古仁屋に来て正月に「三線をひく」風景もみられたと記している。柳田が奄美を訪れたのは一九二一年だが、それ以前から放浪芸人や漁民などを含む多様な人びとが船で琉球・奄美海域を移動し、芸能文化の伝播があったのだろう。

琉球からやって来た放浪芸人（『南島雑話』より。奄美市立奄美博物館所蔵）

柳田国男の旅の手帳から

ところで、柳田が沖永良部島などで観察したメモによると、「風俗尤《もっと》も簡朴、近頃まで婦人の服も沖縄風の平袖なりき。近頃之を改めんとせり」と、女性の着物スタイルが伝統的な「沖縄風」からヤマト風に改変されつつあった。さらに柳田は、天皇制の浸透にも眼を向けた。加計呂麻島で「正月の床の間には皇室の御写真」が飾られていたというが、これは「御真影」（天皇・皇后の写真）にちがいない。当時、「徴兵制」により二十歳になった若者には兵士としての軍事訓練を受けることが義務付けられたため、故郷の島を離れる若者も少なくなく、「水兵からの新年状、青年会事務所の板壁に貼ってある」風景もみられた。

当時の社会世相をさまざまな角度から眺めると、南の島と徴兵制、天皇制（御真影の浸透）といった一面も垣間見える。これらの旅先で眼にした風景を手帳にさりげなくメモした柳田国男は「民俗学」の偉大な先駆者であると同時に、皇室にも近い「元貴族院書記官長」という高位の元官僚でもあった。そのような立場から必然的に「国家」と「民間」の位相が複雑に交錯する一種の「複眼レンズ」を併せ持ち、南島の世相を興味深く観察したことが見聞記から浮かび上がってくる。

第四章　琉球・沖縄史の風景

1　星空への視線

澄みきった秋の夜空に、星が一年中でもっとも美しく輝く季節がやってきた。毎日、時間に追われて暮らす多忙な現代社会では、夜空をじっくりとながめる機会が少なく、その心の余裕さえも失いがちだが、秋になると、ふと、星をみつめたいという気持ちになる。

オモロに詠まれた夜空の星

遠い昔、沖縄の人びとは、美しい夜空にまたたく星や月を仰いだときの感動を素直に生き生きと表現した。古謡集『おもろさうし』巻十の二十四に収められた歌を紹介しよう。

〈本文〉
ゑけ　あがる　三日月や
ゑけ　かみぎや　かなまゆみ

ゑけ　あがる　あかぼしや
ゑけ　かみぎや　かなまき
ゑけ　あがる　ぼれぼしや
ゑけ　かみが　さしくせ
ゑけ　あがる　のちぐもは
ゑけ　かみが　まなききおび

〈意訳〉
あれ、上がる三日月は
あれ、神の金真弓
あれ、上がる赤星は
あれ、神の金矢じり
あれ、上がる群れ星は
あれ、神の花櫛
あれ、上がる虹の雲は
あれ、神の白布帯

このオモロは、古琉球の人びとが美しい夜空を賛美した詩歌として知られている。星にまつわる歴史や文学の分野ですぐれた著作を数多く生み、近代日本において「星の文人」とも称された野尻抱影は、この沖縄のオモロに注目して次のように述べている。

「天体を賛美してこれほど雄渾な詩は、本土には絶えて発見されぬもので、それだけに南島のきらびやかな夜も想像された。三日月を神の黄金の弓にたとえたのは、ギリシャの月神アルテーミスの金の弓を思わせるし、明星《あかぼし》を金のやじりの光と見たのは海外にも例を見ない」(『日本の星──星の方言集』)。

このオモロにいう「赤星」とは、サソリ座の一等星アンタレス、「群れ星」は牡牛座のプレヤデス星団に属するスバルを指すものと考えられる。

七夕伝説をめぐる琉歌

次に、星をめぐる伝説の世界に眼を向けてみよう。かの有名な七夕伝説によれば、牽牛と織姫は夫婦星であったが、天帝の怒りにふれてお互いに遠く引き離されてしまう。旧暦七月七日は、二人が「天の川」を渡って出会うことを許された一年でただ一度のデートの日。その夜は雨が降らないように、天の川の水があふれないようにと、人びとは星空に祈ったといわれる。人と人の心を結ぶこの美しい七夕伝説は中国で生まれ、やがて国境を越えて東アジア諸国へと伝わった。日本へは奈良時代に伝来したらしく、万葉集にも七夕を詠んだ歌が多い。江戸時代になると五節供の行事として定着し、七夕の夜に五色の短冊や色紙に願いごとを書き、笹の竹に飾りつける風習が庶民の間でも広く行われた。

七夕伝説は、もちろん琉球にも伝わった。「天の川」伝説によせて恋する心を表現した琉歌として、次のような興味深い作品が残っていることに注目したい。

幾年よ経ても　変わることないさめ　天の川渡る星のちぎり（作・仲尾次政昆）

（歌意）天の川を渡る彦星と織姫の契りは、何年たっても変わることはないでしょう。

一年に一夜　天の川渡る　星のごと契て　語らいぼしやの（読み人しらず）

（歌意）一年に一夜、天の川を渡る星のように私たちも契りを結び、語りあいたいね。

でかやう思童　波之上にのぼて　天の川渡るみ星拝ま（岸本賀雅）
（歌意）さあ、いとしい乙女よ、波之上にのぼり、天の川を渡る星を拝もうよ

最後の歌にいう「波之上」とは、那覇の地名。東シナ海に面して高く切り立った岩場で、そこから美しい星空を眺める恋人たちは、まさに天にも昇る気持ちだったにちがいない。現代風にいえば、愛を語りあう二人の格好のデートスポットといったところか。

ところで、夜空がカラリと晴れわたり星が美しく輝くさまを、琉球方言では「星晴れ《フシバレ》」という。自動車の排気ガス、工場煤煙などのスモッグが多い関西の都市部に住んでいると、「星晴れ」をみる機会にはなかなか恵まれない。それにくらべると、沖縄の澄みきった空はたしかに美しい。しかし、ふるさとの空もしだいに排気ガスで汚され、環境破壊が急速に進みつつある。

私たちの生きる社会が工業文明とひきかえに美しい星空や自然環境を失っていくのは、きわめて残念なことである。

子どもの頃、友だちと一緒に家の屋根にのぼってスイカをかじりながら、「星晴れ」の夜空を眺めた遠い夏の日の記憶が懐かしい。

2　琉球王子の墓――駿河・清見寺紀行

駿河湾に面した静岡市の一角に興津という地名がある。江戸時代には東海道の宿場町として栄え、「富士山」を望む景勝の地でも知られた。現在では工場やビルが立ち並び、昔の面影は薄れつつあるが、清水港の向こうに、羽衣伝説で有名な三保の松原や、田子の浦の美しい風景が広がっていたようだ。

一七九〇（寛政二）年、この地を訪れた琉球国の慶賀使宜野湾王子朝祥の和歌にも、「おもひきや　田子の浦半に打出て、不二の高根の雪を見むとは」とある。大田南畝の随筆『一話一言』にも収録された一首で、「駿河にて不二山を詠ず」という詞書から明らかなように、琉球使節が「富士」を歌枕に詠んだ作品である。

JR東海道本線の興津駅を下りて、西に二十分ほど歩くと、臨済宗の名刹「清見寺」が見えてくる。江戸時代に来日した朝鮮通信使の筆になる、「東海名區」という見事な扁額を掲げた総門をくぐると、寺の境内を分断するかたちで東海道本線が走っている。

近代に入って駿河湾や町の風景は一変したが、この清見寺には「琉球国具志頭王子」の墓が大切に保存されている。ふるさとの沖縄を遠く離れた異郷の地に、なぜ琉球王子の墓があるのか？誰しも素朴な疑問を感じるであろう。そこで、王子の死と墓をめぐる歴史的背景を見ていくことにしたい。

〝悲劇の王〟尚寧の弟

清見寺に葬られた「具志頭王子」とは、一六〇九（慶長十四）年に島津軍が琉球を攻略した際、悲劇の王となった尚寧の「弟」である。唐名を尚宏といい、当時、国相（摂政）として薩摩との和平交渉にあたった人物である。翌年、兄の尚寧や側近の重臣らとともに薩摩に連れて行かれ、さらに幕府に恭順の意を表すため、駿府・江戸に向かった。この旅がやがて、王子の運命を変えることになる。

慶長十五年四月十一日、島津家久に伴なわれた尚寧、尚宏の一行は鹿児島を発ち、瀬戸内海から大坂、伏見をへて、中山道―美濃路―東海道をたどり、八月十日駿府に着き、十六日に駿府城で徳川家康に謁見した。当時、家康は将軍職を秀忠にゆずり、江戸から駿府に移っていたのである。家康との対面のようすを記した「公方様琉球王御対面之式於駿府家康公御対面歟」（毛利家文庫）という史料が残されている。この興味深い史料を紹介した紙屋敦之氏によれば、「玉のこし」

に乗って駿府城に入った尚寧は、中国風の衣冠を身にまとい、具志頭王子の冠なども唐人の臣下と同じであったという。つまり、明の冊封儀礼の正装である「皮弁冠服」を着て、尚寧・尚宏の兄弟は、天下人家康に対面したのである。このとき琉球からの献上品として、芭蕉布五十反、食籠五、酒壺三、その他の品々があった。また江戸の将軍秀忠にも段子、虎皮、白銀などを贈ったが、その資金調達に苦しんだ琉球側は、京・大坂で「借銀」する計画もあったようだ（『旧記雑録　後編四』七二一号文書）。

さて、家康との対面から数日後、長旅の疲れと心労が重なったのだろう、具志頭王子は病に倒れた。病床の弟を気遣いながら、尚寧は一足先に江戸へ向かった。その後、王子の病は回復せず、八月二十一日死去した。享年三十一歳。弟の訃報を江戸で知った尚寧の無念さ、そして帰国を待ち望んでいた家族の悲しみが察せられよう。

丘の上で永遠の眠りに

慶長十五年八月二十四日、遺骸は清見寺に手厚く葬られた。その後、琉球使節は江戸からの帰りに清見寺に参詣し、王子の墓前で供養することが、十八世紀初めから幕末まで続く慣例となった。一七九〇（寛政二）年に参詣し、例の富士山の和歌を詠んだ宜野湾王子朝祥（尚容）は、具志頭王子の子孫にあたる。このとき奉納された「永世孝享」の扁額が、本堂の大方丈の正面に今も掲げられている。また両側の柱には、亡き王子の牌前に捧げた一対の「聯」が掛けられている。ほかにも中山王寄進と伝えられる見事な琉球漆器（朱漆沈金の三重盆、同天目台、天目茶碗二個）や、弔祭文の巻物が桐の箱に入れて大切に保管されている。清見寺は、沖縄の歴史にゆかりの深い貴重な文化財の宝庫ともいえよう。

本堂裏の細い坂道を上ってゆくと、多くの石仏や墓が並んだ墓地の最上部に「琉球王子」の墓がある。新旧ふたつの五輪塔からなり、慶長十五年の旧墓碑はすでに摩滅している。寛政二年に新しく建てられた墓碑は、「求玉院殿大洋尚公居士」（正面）、「寛政二年庚戌十二月九日也、裔孫容謹記」（裏面）と読める。右側面に刻まれた「慶長十五年庚戌八月廿四日」は、まさしく王子の埋葬日にあたる。埋葬地にちなんで琉球では「駿河王子」とも呼ばれ、後世に語り伝えられてきた。歴史の運命に翻弄されたその人は、三百八十年余りの歳月を経た今、駿河湾を遠望する丘の上で永遠の眠りについている。

私がたまたま清見寺を訪れた二〇〇三年の春、花や線香にまじって白いサンゴの数片が、墓石の上に置かれていた。きっと、誰かが沖縄土産として供えたのだろう。そのサンゴを見つめていると、王子の魂は海の向こうに望郷の想いをよせているのではないか、そんな思いがよぎった。

3　中世の堺商人と琉球

大阪府堺市は、中世において海外貿易で栄えた港町である。大内氏に占拠された兵庫に代わって、堺が日明貿易の基地になると、会合衆と呼ばれる豪商たちも出現し、中国・朝鮮・琉球も含めた東アジア貿易の拠点として発展したのである。

待ち望まれた琉球船の来航

琉球と堺との関わりについてみると、堺の商人は南九州の薩摩をへて、さかんに琉球へ渡航した。しかし、一四六七年に「応仁の乱」が起こり、海上不穏な状況が続いたため、琉球との関係も途絶えてしまった。戦乱が沈静化すると、室町幕府は琉球との貿易を再開する動きをみせる。当時、幕府が琉球船の来航を待ち望んでいたことは、幕府の奉行人布施下野守英基が島津陸奥守武久にあてた文明六（一四七四）年二月十一日付書状に明らかである。

『大日本古文書・島津家文書之二』二八一号によれば、琉球国より幕府に便りがないのは、（大乱で）世間が騒がしかった時期はやむをえないことであった。しかし、もう落ち着いたので、早々に先例のとおり琉球船が来航するよう急ぎ伝えてほしい、という。

琉球に定住した堺商人

幕府の要請に応じて、琉球船は日本をめざしたが、瀬戸内海に出没する海賊に阻まれて畿内まで到達できなかった。それまで琉球船が畿内にもたらした胡椒・蘇木などの南方産物が入手できなくなったことは、とくに堺の経済にとって大きな打撃であった。このため、堺商人は自ら琉球へ渡航して交易するようになった。なかには琉球に定住した者も少なくなく、蒙姓、倪姓などの一族が堺商人の子孫として家譜に確認される。

琉球に定住した堺出身者の具体例を示すと、渡慶次家が挙げられる。その先祖は、中国との貿易に関わった堺出身者の系譜をひくことが『庾姓家譜』に明らかである。明の嘉靖年間（西暦一五二二～一五六六年）、「佐竹籐助」という人物が、「東和泉南境」（＝堺）から那覇に来住し、首里王府から筑登之の位を授けられ、真五郎筑登之となり、さらに出家して「道祐」を名乗ったと記されている。

南方ルートの中継地点・種子島

　堺から南下して琉球へ至る航路の中継地として、種子島が重要な役割を果たしたとみられる。種子島氏は海上交易で勢力を拡大し、その航路は紀州の根来や堺と結ばれていた。種子島に寄航した船は、さらに琉球や中国へと向かう。こうした南方ルートは、古くから大陸との通交貿易の窓口となった博多とは別の意味で、人・モノ・文化を運ぶ動脈であった。十六世紀後半、堺は「南蛮貿易」の基地としても繁栄し、堺商人たちは薩摩から琉球・中国・東南アジア方面へ進出し、南方ルートは活況をみせるようになる。

4　堺の鋳造銭と琉球

十六世紀から十七世紀にかけて自治都市として繁栄した堺は、中世日本を代表する貿易港のひとつであった。堺の史跡見学で市立埋蔵文化財センターを訪ね、興味深い話をうかがう機会があった。

各国のコインが遺跡から発掘

近年、ビル建設等の開発にともなう発掘調査で、「堺環濠都市遺跡」から中世の遺構や瓦、陶磁器など多量の遺物が出土し、知られざる歴史の一面が明らかになってきた。たとえば、一六一五（元和元）年、大坂夏の陣で焼失した豪商の茶道具蔵の跡から、中国陶磁器をはじめ、朝鮮、タイ、ベトナムなどの陶磁器、備前や唐津などの茶器類がほぼ完全なかたちで見つかった。茶の湯文化の繁栄ぶりと、海外貿易との結びつきの深さを物語っている。さらに、銅銭の鋳造跡や銭の「鋳型」が出土したことも興味深い。

中世後期の日本では、中国から大量の銅銭を輸入したほか、「模鋳銭」と呼ばれる一種の贋金づくりもさかんだった。溶かした銅を鋳型に流し込み、中国銭をまねて本物そっくりのコピー・コインを製造したのである。一般に開元、洪武といった中国年号が印字されるが、表裏にまったく文字のない「無文銭」の鋳型が堺で出土し、考古・歴史学界の注目を集めた。また、朝鮮、ベトナム、琉球などさまざまな種類の銭貨も発掘された。一例を挙げると、「大世通宝」は、尚泰久王の時代（一四五四～六〇年）に鋳造された琉球銭である。

琉球に輸出された堺の鋳造銭

堺の鋳造銭の一部は琉球にも輸出された。一四七一（文明三）年には琉球へ渡航した堺の商船が、室町幕府から差し止め処分を受けている。将軍の命を受けた島津氏あての奉書によると、「琉球渡海船のこと、堺辺より近年尽期《じんご》なく候や」（『島津家文書』）と記されており、堺近辺から琉球へ航海する船がひきもきらないほど多い、という。この奉書の趣旨は、幕府の印判（許可状）を持たない船は停止させて追い返し、銅銭を積んでいるものがあれば、没収して幕府に提出するよう命じたのである。

中世の堺と琉球の結びつき

中世の対外交渉の歴史を知るためには、日本・中国・朝鮮といった主要三か国間の交渉史に限定せず、琉球を媒介に結びついた東南アジアとの関係を視野に入れる必要がある。十五世紀後半の応仁の乱以後、堺商人は琉球貿易に積極的に進出するようになった。琉球からの輸入品は、東南アジア産の胡椒や蘇木などの香辛料、染料、薬剤が多い。これらは医薬品の原料として貴重であり、近畿地方の産業とも結びついていた。

こうした南方物産を求めて琉球に渡航した堺の商人たちは、取引のさいに例の私鋳銭、無文銭を用いたと考えられる。十六世紀の琉球で無文銭が流通した事実は、明の冊封使・郭汝霖の記録にも明らかで、「薄くて小さく、文字は無く、十枚で一枚に換え、一貫で百文に換える」（『重編使琉球録』巻下）と記されている。日本で鋳造された無文銭とみてまちがいない。

このように、遠く海を越えた貿易ネットワークを通じて、中世の堺が琉球と結びついた歴史的背景には、東アジア貨幣流通の展開があったと言えよう。

大世通宝（左）と世高通宝（沖縄県立埋蔵文化財センター所蔵）

5　兵庫津の「真光寺」と琉球

兵庫の港は、古くから瀬戸内海航路のターミナルとして栄えた。平安時代には「大輪田泊」と呼ばれ、平清盛が中国・宋との貿易の拠点として港を整備し、福原に一時都が置かれたこともある。中世には山陽道、四国、九州各地からさまざまな物資が集散し、中国や琉球の船も寄港した。戦国時代には織田信長や豊臣秀吉ら武将たちの保護を受け、江戸時代の兵庫津は、十八世紀には二万人を越える人々が暮らしていたといわれる。

一遍上人ゆかりの「真光寺」

現在のJR兵庫駅から南へ、国道2号線を越えて十五分ほど歩くと、神戸市兵庫区松原通一丁目に、踊り念仏で知られる一遍上人ゆかりの「真光寺」がある。江戸時代の名所案内記『摂津名所図会』には「真光寺」の本堂や一遍上人の廟塔などが描かれ、また元禄兵庫津絵図からも、真光寺の広大な敷地がうかがえる。

港町の風情が残る兵庫津のあたりは、歴史の散歩コースとして格好の場所である。真光寺の門前の交差点には、「清盛塚」とよばれる高さ約九メートルの堂々たる中世の石塔が建つ。そこから東へ行くと、運河にかかるアーチ型の大輪田橋があり、その運河沿いを歩くと、築島寺（来迎寺）に到る。河岸には数十艘の小型漁船が停泊し、トビウオが跳ねていた。漁師のおじさんの話では、明石沖や淡路島まで毎日のように出漁するという。

寺に埋葬された琉球使節団員

さて、今から二百四十年ほど昔、琉球使節団の乗った船が兵庫津に立ち寄り、「宮城親雲上」という仲間の遺骸を船から降ろし、港にほど近い真光寺に埋葬した。一行は、徳川幕府の将軍家治の就任を祝うため琉球から江戸へ派遣された慶賀使節団のメンバーで、「宮城親雲上」は、団長格の正使・読谷山王子朝恒の従者であった。彼は鹿児島へもどる瀬戸内海の船旅の途中、師走の寒さと長旅の疲れなどから体調を悪くし、一七六四（明和元・乾隆二十九）年閏十二月十三日に死去した。年齢・経歴など詳しい事情は明らかでないが、兵庫津の真光寺に埋葬されたことは確かな史実である。ちなみに、読谷山王子が京都の伏見で詠んだという和歌が残されている。

いつもかく　かなしきものか　草まくら　ひとりふしみの　夜半の月かげ

こうして琉球使節一行は、旅先で亡くなった宮城親雲上の墓前に香華をささげ、悲しみを胸に兵庫の港を出航していった。帰国後、その死を知らされた家族の嘆きは、いかばかりであったろう。

墓石に昔の面影を偲ぶ

神戸市兵庫区の真光寺を訪ね、聞き取り調査を試みた。寺務所の老婦人によると、一九四五（昭和二十）年三月の空襲によって寺は全焼し、過去帳など江戸時代の資料は何も残っていないという話に落胆したが、せめてもの供養になればと、墓地をゆっくり歩いて見ることにした。寛文・享保・文政・天保など江戸時代の年号が刻まれた墓石に昔の面影が偲ばれ、大正・昭和期の新しい墓石の一部には、空襲時の焼夷弾で黒く焦げた痕跡もあった。境内の一角に山のように積み上げられた「無縁仏」の墓石を眺めると、幾世代にもわたって年輪のように積み重なった人間の死と、歴史の重みを感じた。

近代に入って琉球王国も滅び、沖縄県となり、さらに太平洋戦争から米軍統治の時代、「ヤマトの世」から「アメリカ世」へ、めまぐるしく歴史が変転した。

復帰の年にあたる一九七二（昭和四十七）年、奇しくも宮城親雲上の墓が子孫によって確認された。パスポート制度が廃止され、墓参りも自由にできるようになり、墓は約二百年ぶりに、兵庫からふるさと沖縄に里帰りした。現在は、うるま市屋慶名（旧与那城町）にある一族の墓前に移築され、永遠の眠りについているという。

6　恐るべき地震津波——災害の記憶を語り継ぐ

ふだんは穏やかな海が、地震による津波で荒々しい牙をむく。二〇一一年三月十一日、東北地方の太平洋沿岸を襲った津波の惨状は、記憶に生々しい。

かつて沖縄でも大規模な津波があった。一七七一年四月二十四日（旧暦三月十日）午前八時ごろ大地震があり、宮古・八重山諸島を襲った。いわゆる「明和の大津波」である。震源地は石垣島の南東四十キロ、地震の規模はマグニチュード（M）7・4（関東大震災はM7・8）。日本近海では史上最大級ともいわれる津波で、八重山・宮古諸島では約一万人が死亡した。この未曽有の災害について石垣島の役人が首里王府に報じた記録、「大浪《おおなみ》之《の》時《とき》各村《かくむら》之《の》形行書《なりゆきしょ》」には、恐るべき津波の状況がつぎのように記されている。

「八重山には、男女二万八千九百九十二人の住民がおりました。乾隆三十六辛卯年（一七七一年）三月十日五ツ時分（午前八時頃）に大地震があり、この地震が止んですぐに、東の方に雷鳴がひびきわたり、まもなく外の瀬（リーフ）まで潮が引き、所々で波が立ちました。その潮が一つになり、とくに東北・東南の方に大波がまるで黒い雲のように躍り上がり、あっというまに村々へ三度も押し寄せたのです。…（中略）…沖の巨石を陸へ寄せ揚げ、陸の石や大木も根こそぎ引き流しました。石垣・登野城・大川・新川の四か村は、宮鳥御嶽前の坂下の東西の線まで流されました。蔵元、各役所、各仮屋（いずれも行政機関）だけでなく、桃林寺、権現宮や多くの御嶽も波に引き崩されてしまいました。（後略）」

石垣島を襲った津波の高さは十メートルにも達した。人や家畜、田畑、家がすべて流され、壊滅状態となった村は真栄里、大浜、宮良、白保など八か村。半壊は新川、石垣、登野城、平得など七か村、とくに白保村では人口の九八％が溺死したという。八重山では全人口の三分の一にあたる九千三百十三人が死亡、島の総面積の四〇％が水に浸かり、流失・損壊した家は数えきれない。農地の流亡や冠水による被害も深刻で、食糧不足から飢饉が起こり、さらに人畜の死骸から疫病が流行し、多くの人命が失われた。「津波・飢饉・疫病」という連鎖的な災害によって、島社会は未曽有の危機に直面したのである。

津波で家族を失い、生き残った人びとは途方にくれた。行政トップの八重山在番・金城親雲上も波にさらわれ行方不明となり、海辺で屍骸となって発見された。

救助に奔走した役人がいた

　こうした危機的状況下でもなんとか気力をふりしぼり、被災者の救助に奔走する役人がいた。『球陽』によると、津波で「漂没」し一命をとりとめた石垣島大川村の与人大浜筑登之は、ただちに各村から生残者を呼び集め、流木や家材に「打傷されて半死」状態の被災者を救った。さらに名蔵村から「税米」を運び、石垣等の四か村の食糧危機に備える一方、自らの穀物で「粥飯」を炊き与え、被災者を励ました。大浜自身、妻子や弟が津波で溺死し、母親はつぶれた家屋の瓦礫の下で死にかけていた。

　こうした悲惨な状況にもかかわらず、大浜は同僚の役人を督励し、昼夜を問わず各村をまわって溺死者の「屍骸」を取り集め、耕地の損壊状況などを調査した。多くの女性と子どもが死亡したことは、その後の人口増に深刻なマイナス影響を及ぼした。一七七一年の津波を契機に八重山の人口は激減し、流行病や飢饉などの影響もあって慢性的な人口の低落化をたどる。津波以前の水準にようやく回復したのは、百四十八年後の一九一九（大正八）年といわれる。

語り継がれる大津波の記憶

　このような恐ろしい体験をした人びとは、「津波の記憶」を後世まで語り継いだ。次は、八重山の民話の一例である（『日本昔話通観26　沖縄』同朋舎出版）。

「村人たちが漁をしていると、珍しい魚がかかる。みなが相談して食べようとすると、魚が〈わたしは人魚だ。助けてくれたら、海の大事な秘密を教える〉という。漁師たちが驚いて逃がしてやると、人魚は「明日の朝、津波があるから、山へ逃げろ」と言う。村人たちは山に逃げて助かるが、教えたのに本気にしなかった白保村の人たちは全滅した」。

白保村が津波で壊滅的被害にあったことは、古文書からも確かに裏付けられる。こうした「津波の記憶」は、後世への「戒め」として語り継がれたにちがいない。

太平洋の海底プレートの地殻変動で大地震が再び起こる可能性を専門家は警告する。しかし、いつ起こるのか正確な予測は難しい。では、自然の脅威に対し、私たち一般市民ができることは何か。たとえば、身近な防災意識として、災害の歴史的記憶をけっして忘れず、子や孫の世代に語り継ぐことが重要である。天災（自然災害）は忘れた頃にやってくるという。日本は海に囲まれた島国だからこそ、津波の悲惨な歴史を未来の世代にしっかりと伝えなければならない。その意味で、私たちの歴史意識と防災意識がいま同時に問われている。

二〇一一年三月、「東日本大震災」で亡くなった方々のご冥福を心よりお祈り申し上げます。

7　老人は世の中の宝――蔡温の「御教条」から

二〇一〇年に世間を驚かせたニュースは、高齢者の所在不明が東京都内で発覚したことをきっかけに、全国的に相次いで明らかになった問題である。神戸市役所は百歳以上の老人が百五人も所在不明であると公表し、その中には生きていれば「国内最高齢」となる百十四歳以上の不明者が十八人もいることがわかった(二〇一〇年八月十日現在)。東灘区に住民票がある百二十五歳(女性)のほかに、百二十三歳(男性)、百二十二歳(女性)、百二十歳(男性)の所在不明が新たに判明した。

衰退した家族のきずな

戸籍が無く行政レベルで国民を把握できなかった昔の話ならいざ知らず、二十一世紀の今日、こうした問題が「世界の長寿先進国」で起こるとは信じがたい。

この問題の背景に行政当局の「怠慢」を見過ごすことはできない。同時に、「家族のきずな」が衰退化し、都市に暮らす人びとの地縁的結びつきも弱いという現実が横たわっている。

さて、十八世紀琉球の歴史をふりかえると、当時の経済的環境は現代よりもはるかに厳しいなかで、政治家の尊敬のまなざしが「老人」に向けられていたことも事実である。

長寿者を大切にした琉球王府

琉球の代表的な政治家・蔡温が、一七三二年に庶民向けにまとめた『御教条《ごきょうじょう》』という書物の中で、「老人は世の中の宝である」と述べている。その原文を現代語に直して紹介すると、次のようになる（高良倉吉『御教条の世界――古典で考える沖縄歴史』ひるぎ社、おきなわ文庫を参照）。

「八十歳以上の高齢に達している老人は、千人、万人に一人か二人しかいない貴重な存在である。親族・縁者はいうまでもなく、世のすべての人びとがそのお年寄りを大切にしなければならない。老人だからという理由で、その人をあざむいたり、あなどったりする輩は、生まれつき孝心の足りない哀れな存在である。身分の上下にかかわらず、かたく孝心をいだき、老人を世の中の宝と考える。これを大切にする姿勢をもつことが必要である。」

「老人を世の中の宝と考える」――これは中国から琉球に受容された儒教思想の「徳治」の理

念にもとづく。それをうけ、琉球王府は長寿者の褒賞などもさかんに行った。そのような政治理念と実践は時代を越えて、現代社会に生かすべきものがある。

九月二十日の「敬老の日」を前に、「老人は世の中の宝」という蔡温の言葉を深く心に刻みたい。

8　「読書」と「学び」の風景——伊江朝睦の日記に探る琉球史

日記の中の「読書」

重厚で堅いイメージの漢籍類から、手軽に読める娯楽読物、詩歌、文芸書にいたるまで、「読書」の対象ジャンルと内容は、一般に読み手の個性や興味のありようを反映する。

ここでは、琉球王国の役人で三司官などを務めた伊江朝睦《いえちょうぼく》という歴史上の人物に焦点を絞り、かれがどのような種類の本を読んだのか、子どもや孫の読書・教育面にいかなる役割を果たしたのかという視点に立って、晩年の「日記」を手がかりに検討を試みる。その作業を通して、十九世紀の琉球における文化史と教育史の一断面を明らかにしてみたい。

伊江朝睦の略歴をまず紹介しよう。首里の上級士族の出身で、唐名は向天迪《しょうてんてき》と称した。尚穆・尚温王代の三司官として、一七八二（乾隆四十七・天明二）年から一八〇一（嘉慶六・享和元）年まで、約二十年間にわたり活躍した人物である。家譜が沖縄戦で失われたため、詳細な履歴は不明だが、一七八四（乾隆四十九・天明四）年から一八一六（嘉慶二十一・文化十三）年にいたる晩年の日記七冊が、幸いにも残されている。それらは琉球王国の社会経済や生活文化の細部をリアルに映し出す、歴史像の「鏡」ともいうべき一級史料である。

三司官在任中の朝睦の経歴でとりわけ注目すべきは、『琉球科律』の編纂など法制度の策定・整備事業に深くかかわったことである。その職務柄、法律や政治に関する専門書などに眼をとおす機会も少なくなかったと考えられるが、残念ながら三司官時代の日記がごく一部しか現存しないため、具体的な書名などの詳細は明らかでない。しかし、三司官職を退いたのち、七七歳の高齢に達した朝睦が、『論語』や『貞観政要《じょうがんせいよう》』といった漢籍古典を読んだことが、嘉慶一四年四月の日記やその他の記事から明らかである。周知のように、『貞観政要』とは唐の名君太宗と群臣との問答録であり、中国、日本、朝鮮など東アジア諸国の為政者にとって「帝王学の教科書」として広く読まれた漢籍である。それが琉球に輸入され、王府高官のいわば座右の書であったことを明確に示す証拠として注目される。

三司官という最高ポストまで昇りつめた伊江朝睦のキャリアからすれば、『貞観政要』のほかにも政治や行政分野のさまざまな本を必要に応じて読んだことはまちがいないだろう。しかし、現存する晩年の日記を見る限り、こうした分野の本はそれほど枢要な位置を占めていない。その理由として、公務上の読書の記述が晩年の私日記の世界には残りにくいことに加え、首里城での公務中の読書と帰宅後のプライベートな読書とは、おのずから区別されたとも考えられる。いずれにせよ、公務の官吏生活を引退し、老齢を重ねた朝睦は生臭い政治の世界を離れ、むしろ自然や植物（本草）などの分野に関心を深めたことが日記からもうかがえる。そうした日常生活のひとコマを示す記事をいくつか引用しよう。

史料１「上原御殿より取寄候本草七冊之内、五さつハ持たせ差上、桑、松之部弐さつ者此方へ止置候事」（嘉慶十四年四月四日条）

史料２「くく（クコ）之本草、扁豆之本草披見いたし処く〻ハ別而名薬に而候故、屋敷中ニ植付方申付、扁豆は五臓をと〻のい、別而功能宜候故不断相用候事」（嘉慶十五年四月十二日条）

これらの史料によると、朝睦は本草書七冊を知人から取り寄せて読んだことがわかる。「くく」とは、グミに似た赤い実をつける落葉低木（クコ、枸杞）をさす。若葉は食用で根皮・葉・実が薬用、クコ茶なども飲まれた。こうした本草関係の読書を通じて朝睦は、クコ、扁豆など薬用植物についての知識を吸収したようである。そして、「名薬」のクコを屋敷中に植え付けさせたり、内臓のはたらきを良くする「扁豆」を愛用した。漢方医薬の知恵を日常の健康増進などに大いに役立てたのである。つまり、本草書を読むことは朝睦にとって、単なる机上の趣味にとどまらず、毎日の暮らしの健康管理という現実とも深く結びつき、その意味で「実学的な読書」としての側面があったと理解される。

以上のほか、読書行為の形跡を示すさまざまな書物が、朝睦の日記に登場する。それらの書名および日記の年月日をまとめてリストアップしてみると、次のようになる。

『家道訓』一八一〇（嘉慶十五）年九月十八日
『要務彙編』一八一一（嘉慶十六）年三月八日
『分類故事要語』一八一三（嘉慶十八）年八月四日
『新服制』一八一三（嘉慶十八）年十一月二十九日
『気数解』など　一八一六（嘉慶二十一）年一月十九日

これによると、琉球の政治家蔡温の著作である『家道訓』や『要務彙編』等が読まれている。『分類故事要語』とは、おそらく辞典のような語彙解説書であろう。岩波の国書総目録には、平住専庵編で正徳四年刊、十巻付録一巻十冊とある。『新服制』は葬祭儀礼に関する書であろう。『気数解』などは、久米村の上原里主親雲上から贈呈された著作らしい。こうした日記の断片的な記事からも、伊江朝睦の読書生活について一定の傾向を推知することができる。

子どもの「学び」の風景

つぎに視点を変えて、子どもの読書と教育という問題をとりあげてみよう。

文筆能力を身につけることは、琉球王府の役人にとっても必要不可欠であった。そこで幼少期から『実語教』『童子教』の類を読み覚え、成長するにしたがって官立の「国学」に進み、史書や経書などを学んだ。伊江朝睦の「日記」には、近世琉球の児童教育のあり方について述べた貴重な記事が含まれている。「日記」に登場する子どもたちの「学び」の風景を、つぎに具体的に紹介しよう。

朝睦の孫で八歳になる「次良」（ジルー）は、「広徳寺」の陰泫和尚から「読書」指導をうけた（嘉慶十六年正月十二日）。広徳寺はかつて円覚寺の裏手にあった寺で、僧侶が家庭教師の役割もかねていたのである。さらに別の学習法として、孫の蒲戸らを国学の「講談聴聞」に参加させ、将来に備えて「学問出精」をめざすといったコースも準備された（同年十二月八日）。また朝睦は自宅の二階の一座に「会所」を設け、「手習学問」の場を提供した。孫の次良や樽（タルー）も含めて、そこに五、六名が寄り集まって学習した。朝睦は筆や紙などの文房具も提供しており（同年十一月十五日）、私塾のようなイメージが眼に浮かぶ。

このように朝睦は八十歳の高齢にもかかわらず、一族の将来を担う子どもたちの教育にきわめて熱心であった。子どもたちの成長を暖かく見守り、期待をよせる祖父の慈愛のまなざしと同時に、そこには「家父長」的な権威をもち、親族一門の後見役としての重い責任を背負った老人の姿が読みとれる。

以上、近世琉球人の日記を通して、読書と子どもの教育をめぐる「学び」の風景を垣間見てきた。このような問題をさらに大きな社会的環境の中で位置づけて考えるならば、琉球王国の官僚制度や士族社会における「家」の成熟とともに、上級役人の職務に不可欠な知識や学問を幼い頃から身につけさせたい、という親たちの期待と学習熱が急速に高まったことを示していると言えよう。

こうした社会状況は、遊びたい盛りの子どもにとっては、あまり楽しいことではない。「勉強」の押し付けは苦痛をともなうからである。それゆえに子どもが家族の期待どおりに勉強するとは限らない。伊江朝睦の八歳になる孫も、やはり「勉強嫌い」だったらしい。祖父はこれに困り果てた様子で日記に、「孫樽事、最早八歳ニ罷成、読書等相勤候処、然々出精無之、油断ケ間敷有之、困入申事候、云々」（嘉慶十八年四月二十七日条）と書いている。つまり、孫の樽（タルー）ちゃんは読書に身が入らず、サボってばかりで困ったものだと、「ボヤキ」にも似た思いを書き残しているのである。

ある意味で、人間臭い感情が吐露されたこうした史料を読むと、思わずニヤリとさせられる。それは「日記」が語る過去の事実の断片を読み解くことによって、歴史を生きた人間の心の内面が理解できる、日記という史料の不思議な魅力と言えるかもしれない。

9　伊江親方日記にみる医療と介護

高齢化社会を迎えた今日、医療や介護保険など山積する問題は多い。この世に生まれた人びとは、誰しも幼少期をへて人生の年輪を重ね、やがては年老いて逝く。「生・老・病・死」という宿命を常に意識するとともに、高齢化時代に対応した医療・介護体制の早急な整備が必要である。

富山の名薬「反魂丹」が沖縄でも流通

今から二百年ほど昔、一七九五（乾隆六〇）年のこと、琉球国の三司官という要職にあった伊江親方朝睦は、多忙な公務のかたわら、家族の「看病日記」を書きつづっていた。息子の朝安の妻である「真鶴」が病床に伏していたのである。当時、夫の朝安は「旅役」で鹿児島に単身赴任中であったため、病床の真鶴はさぞ心細かったことであろう。そこで、老親方の朝睦が「舅」の立場で「息子の嫁」の介護に尽力しながら、日々の病状を克明に記録したというわけである。

詳細な「看病日記」を読むと、一八世紀末における「医療事情」のある一面が理解できる。また、家族の慈愛に支えられた「介護」の諸相もリアルに浮かびあがる。真鶴の体調や食事内容、処方薬などの記事について日記の中から具体例を挙げてみよう。

（七月二十五日）九ツ頃から熱が出て、八ツ時分には昨日より高熱となる。鶏の汁を二椀食べ、熱はしだいに下がった。

（八月二日）この頃、痰がつまって右の胸あたりが痛むので、薬を調合してほしいという。そこで医者に調合してもらい、夜の五ツ頃に服用させたところ、すぐに吐き捨て受け付けない。

医者の診断によると、真鶴は「胎受之模様」（妊娠？）で、そのため薬が合わないのではないかという。無理に薬を飲ませると、支障（副作用）が生じるかもしれないと、家族は心配した。そこで二、三日、薬を控えると書かれている。日記に登場する処方薬の中でも興味深いのが、「はんこんたん」（八月十三日条）である。越中富山の名薬として知られる「反魂丹」のことで、何度も服用している。売薬行商によって全国的に流通した和産薬が、薩摩を経由して琉球の医療現場でも受容されていたことがわかる。また「真珠丸」、「北京人参」、「六君子」といった漢方薬も、医者の指示で服用したことが日記からわかる。

嫁の病状を心配する舅の心情

八月十四日、真鶴は駕籠に乗って実家の幸地殿内に帰った。親族が相談の上、しばらく実家で療養を続けることになったのである。医者の往診による手厚い治療と看護にもかかわらず、真鶴の病状は快復せず、一進一退をたどる。

八月十六日、食事中に激しく咳き込み、「血」の混じった痰を吐く。その知らせに驚いた朝睦も幸地家に駆けつけている。同月二十七日には「面・手足・身体も腫気相まし」と日記にあるように、全身が腫れて痛々しい容体であった。一体どのような病気なのか具体的な病名は記されていないが、発熱や咳の発作をくりかえし、痰がつかえて胸部に痛みを感じる症状であった。さらに下痢などの症状も日記にみえるので、肺や気管支など呼吸器系と内臓疾患とを併発していた可能性が高い。

このように難病に苦しむ女性の姿と、その病状を心配そうに見守りながら「介護」に奔走する家族の様子が、「看病日記」から読み取れる。惜しむらくは日記の後半部が失われているため、九月十六日の記事で筆が止まっている。

その後、真鶴はどのような運命をたどったか、想像するほかない。

9　伊江親方日記にみる医療と介護

10　琉球処分官の肖像――新発見の写真によせて

近代沖縄の歴史を物語る貴重な写真が兵庫県姫路市で見つかり、沖縄県公文書館で公開された(『沖縄タイムス』二〇〇〇年四月十五日朝刊)。明治十二年、内務省から派遣された「琉球処分官」の一行を撮影したもので、松田道之および随行者九名の姿が映った珍しい写真である。

「琉球処分」とはいうまでもなく、数百年間つづいた琉球王国を解体し、廃藩置県を断行した近代史上の有名な事件である。十九世紀後半、沖縄をとりまく時代の歯車は大きく動いた。その歴史の流れと中央政府の圧力に人びとは翻弄され、あるいは激しく抵抗したのである。激動する時代を生きた人間の対立や葛藤を、『小説琉球処分』で鋭く描いた作家の大城立裕氏は、こう述べている。「琉球処分という歴史は、たとえば戦争のように、国家と人間のドラマをくみだす契機を無限に内蔵しているように、私には思える」と(「琉球処分への小説的関心」『新沖縄文学』三十八号)。

さて、写真の前列中央の人物が、琉球処分を主導した松田道之である。略歴を紹介すると、一八三九(天保十)年、鳥取藩に生まれ、内務省の役人として京都府判事、大参事、大津県令、内務大丞などを歴任した。一八七五（明治八）年、内務卿大久保利通の特命をうけて琉球に渡り、士族層の抵抗を排除しつつ廃藩置県のレールを敷く任務にあたった。一八七九（明治十二）年三月、三度目の渡琉では警官隊や熊本鎮台分遣隊を引き連れて乗り込み、国王尚泰や側近たちに廃藩置県を通告し、首里城から退去するよう迫った。この間の詳しい歴史的事情については、松田自身の編著『琉球処分』に記されている。

明治十二年三月十二日、琉球処分官松田道之の一行は高砂丸にて横浜を出航した。随行官員の顔ぶれは、内務一等属の遠藤達をはじめ、種田邁・早瀬則敏・後藤敬臣・村木良蔵・熊谷薫郎・西村義道・荒木章造・吉田市十郎ら九名、それに百六十余名の警官隊が加わった。一行は途中、神戸にて弾薬・兵糧米を積み込み、鹿児島から参謀益満大尉・大隊長波多野少佐ら率いる熊本鎮台分遣隊と合流し、総勢六百余名が三月二十五日、那覇に到着した。

三月三十一日、ついに軍隊と警官隊の威圧によって首里城が接収された。世にいう「首里城明け渡し」である。かくして琉球王国は滅び、尚泰王は東京に居住を命じられ、尚氏一族も中城御殿に移った。首里城退去の歴史的瞬間を最後まで見届けたのが、この写真に登場する遠藤達・早瀬則敏、後藤敬臣ら、内務省の役人たちであった。彼らの報告によると、「旧藩王（尚泰）および家族婦女子ら四十余名は駕籠に乗り、その前後を多数の士族たちに護衛されて退城した。婦女子はもとより男たちも涙を流し、なかには号泣する者がいた」という。まるで葬列のような嗚咽と号泣の中を一行は中城御殿へと向かった。その異様な光景は、尚泰の子息である松山王子尚順の幼い日の体験と記憶にも、生々しく刻み込まれた。

「（前略）…騒然とした人々のざわめきと、明るい篝火と、暗い夜空と、そうした中を、乳母に背負われて中城御殿にはいった記憶がある。中城御殿は御座敷から廊下まで一杯の人であった。私を背負った乳母が通れない位の人であった。私はその人々の間に、乳母に背負われたまま暗い廊下の隅に立ちつくして、あちこちに聞こえる嗚咽を夢のように聞いていた」（『松山王子尚順遺稿』）。

幼い王子が耳にした「嗚咽」は、まさに「亡国」を嘆き悲しむ人びとの悲痛な叫びにほかならなかった。

一八七九（明治十二）年六月十三日まで足かけ四年にわたる琉球処分を終えた松田は、やがて意気揚々と東京へ帰っていった。その功績を賞して同年七月勲三等旭日中綬賞を授与され、十二月には東京府知事の要職についた。この写真で勲章を下げた松田はサーベルを携えた正装姿であることから、明治十二年七月の叙勲直後の記念撮影とみられる。当時、『府県長官銘々傳』に絵入りで紹介された松田の人物評によれば、「天稟活発、才知衆に超ゆ」、「民を御するの術に最も

松田道之（琉球処分官）一行（1879 年。沖縄県公文書館所蔵）

長ぜられ、当時人呼んで、三県令の一名と賞せり」とある。すなわち、人民を統治するに巧みな手腕と狡知を発揮した典型的な官僚であった。

琉球処分後、沖縄は日本の一部となり新たな時代が始まった。一方、明治国家への統合に抗した人びとにとって過酷な運命を強いた歴史の陰では、やりきれぬ悲しみや怒りを含む、複雑な想いが渦巻いた事実を忘れてはならない。

「琉球処分官」の一行が勢揃いした、この一枚の古写真の背後にも、まだ知られざる歴史のドラマが秘められているようだ。

11　伊波普猷と子供の会

伊波普猷は、東京帝国大学で言語学を学び、一九〇六（明治三十九）年に帰郷したのち、沖縄各地で講演などの啓蒙活動を精力的に行なった。一九一三（大正二）年三月には、那覇西町にあった自宅を開放し、「子供の会」を始めた。毎週日曜日になると、約百五、六十名もの子どもたちが詰めかけたといわれ、伊波家の庭で撮影された当時の写真からも、その盛況ぶりがうかがえる。

熱気につつまれた「子供の会」

「子供の会」の活動内容は、児童文学をはじめ、郷土の歴史や民話、聖書のエピソードなどを題材にした、いわゆる講話（お話会）が中心であった。いくつか例を挙げると、「三つの教訓」（トルストイの短編）、「バイブルの話」、「娼婦マグダラのマリアの悔い改め」といったキリスト教訓話のほか、父の仇討ちで活躍する鎌倉武士の「曽我兄弟」、豊臣秀吉に仕えた剣の達人で、伝説的なヒーローの「岩見重太郎」などの歴史物語に、子どもたちは眼を輝かせて聞き入った。テレビやラジオなどの娯楽も無く、経済的には貧しい時代だったが、子どもたちの心は好奇心に満ちあふれ、「伊波文学士」の家は熱気につつまれた。

「子供の会」の語り手には伊波自身をはじめ、学校教師、新聞記者、牧師などさまざまな職業の人びとが協力し、比嘉春潮、親泊朝擢、島袋全章、比嘉賀秀らも顔を出したという。沖縄の明るい未来をひらくには、子どもたちの健全育成こそが重要であると考え、伊波の啓蒙活動に進んで参加したのである。また、子どもたちにもおとぎ話やわらべ歌などを発表させたりして、自主的な雰囲気だったようだ。

その会にたまたま同席していた音楽教師の宮良長包は、伊波の活動に感激して郷里の八重山でも子供会を組織し、民謡を教材にとりいれるなど、近代沖縄の児童文化活動の波は、那覇から地方へと広がった。

京都でのキリスト教との出会い

こうした活動が生まれた背景として、「大正デモクラシー」という新しい時代の潮流があったことはいうまでもない。さらに、伊波自身の内在的動機と人生の航跡を重ね合わせてみると、青春の一時期を過ごした京都でキリスト教の影響を受けたことが、後年の活動の原点として重要な意味をもつ。

一九〇〇年に第三高等学校に入学した彼は、ミッション・スクールで有名な平安女学院のオルドリッチ女史の主催するバイブルクラスに出席した。同学院の教頭（のちに校長）をつとめた田村初太郎は、かつて三高の教師として基督教青年会を組織し、鴨川沿いの伊波の下宿（上京区東三本木西町）の近くに住んでいた。

一九〇六年に帰郷した伊波は、翌年七月那覇の沖縄メソジスト教会で「古宇利島の神話」と題して講演し、十二月には首里メソジスト教会で「我は罪人なり」という題で講演をおこなった。これと前後して、沖縄基督教青年会の会長に推薦されている。一九〇八年には宣教師ヘンリー・シュワルツ夫人に頼まれ、賛美歌を琉球語に訳した。その歌詞はメソジスト会派の全国機関誌『護教』の記事からも確認されている。

こうした宗教活動の原点は、京都の学生時代にオルドリッチ女史のバイブルクラスで種子が蒔かれたのである。聖書のエピソードなどを織り交ぜて語る「子供の会」（一九一三年）に続いて、比嘉賀秀らとともに「沖縄組合教会」を設立（一九一六年）、「バイブルクラス」（一九一七年）を開くなど、信仰活動は深まりをみせた。

地域の子どもや青年、婦人たちを集めて、琉球語（ウチナーグチ）で聖書を読み聞かせ、人生の意味を語りかけた伊波の足跡をたどっていくと、「子供の会」の活動がキリスト教を基調とす

伊波普猷の自宅で行われた「子供の会」（1931年ごろ。那覇市歴史博物館提供）

る社会啓蒙活動の一環であったことがよく理解できる。

12　明治の風刺漫画にみる琉球処分

近代日本の漫画ジャーナリズム誕生の突破口を開いたのは、一八七七（明治十）年三月二十四日に創刊された人気雑誌『団々珍聞《まるまるちんぶん》』である。イギリスの漫画雑誌『パンチ』を参考にした週刊誌で、風刺精神をもって政府の施策を批判するという趣旨で発刊された。

自由民権運動が全国的な広がりを見せていた当時、『団々珍聞』は政治風刺の漫画を売り物に爆発的人気を得て、「まるちん」の愛称で親しまれた。民権運動の隆盛とともに発行部数を伸ばし、最盛期で年間二十五万九千余に達した。改進党支持の論調で世論形成に少なからぬ役割を果たした『団々珍聞』の大ヒットは、近代漫画ジャーナリズムと民衆の政治的関心の結びつきを反映したものと言えよう。

『団々珍聞』には、琉球の帰属問題を取り上げた風刺画がいくつか登場する。ここでは明治十二年四月十九日掲載の「畳問屋閉店」について解説してみたい。琉球産の畳表は、江戸時代から備後表とともに人気ブランドとして幕藩制市場で流通した。現在でも柔道場などでは、丈夫な琉球産の畳表が好まれるという。この絵は、琉球国の廃絶と日本統合を「畳問屋」の閉店になぞ

『団々珍聞《まるまるちんぶん》』1879（明治12）年4月19日号に掲載された「琉球処分」についての風刺漫画

らえるかたちで風刺したもので、以下に述べるような歴史状況が投影された画像イメージとして読み解くことができる。

一八七九（明治十二）年、日本政府は琉球へ軍隊と警察官を派遣し、琉球藩を廃して沖縄県とし、力づくで日本への帰属を強制した。これを歴史上、「琉球処分」という。内務卿大久保利通の命をうけて琉球処分を遂行した人物が、のちに東京府知事となった内務官僚の松田道之である。店の中央にどっかり座る洋服姿の男（松田）が琉球人を叱りつけ、畳問屋の閉店（＝琉球国の廃絶）を迫る場面が描かれている。銃剣を手にする兵士は、いうまでもなく武力行使をちらつかせ、琉球人を威嚇している。

松田は、「こちらから仕送りして琉球の身

代を立てさせて置いたのに、（清国と）浮気の噂もあるので、今後は店を番頭持ちにする」と厳しく叱責する。これに対し、琉球人は次のように弁明する。「御同盟様（欧米諸国）へも内々願って置きましたが、元の通りで居ますように清国におとりなしを頼みます」と。こうした事態を心配そうに見守る弁髪姿の清国人は、「（琉球が）破産するなら、清国もいささか財産の分け前を受け取らなければならないが、イヤ！　日本は思い切ったことをやりくさるなァ」と、半ば驚き呆れている様子だ。さらに下段の英文は、「琉球藩の名のもとでこれまで営業してきた畳問屋の支店は、いまや閉店状態である。今後、すべての商売は『大日本』本店のみで行われるだろう」と解説している。つまり、数百年にわたって続いてきた琉球と中国との冊封・朝貢関係にピリオドを打ち、日本への併合政策（琉球処分）が断行されたのである。

13　済州島と沖縄――近代紡績業の糸でつながれた女性史

いまから約百年ほど昔、関西で紡績業がさかんだった頃の話である。綿糸紡績業を先頭に日本の産業革命が本格的にスタートし、一八八二（明治十五）年、大阪府の三軒家（現、大正区）に大阪紡績会社が設立された。さらに、一九〇二（明治三十五）年には、兵庫県の鐘紡工場など従業員千人以上の大規模な機械制工場の数は二十二に達した。

こうした紡績工場で汗水流し、資本主義的な経済発展を底辺で支える役割を果たしたのが、当時「女工」と呼ばれた若い女性たちであった。その女子労働者の大半は地方農村からの出稼ぎで、また朝鮮半島から来た人びとも重要な位置をしめた。そのような歴史の流れの中で関西の紡績業は発展を続け、やがて「東洋のマンチェスター」と呼ばれるほどに繁栄したのである。

一九九九年の春、「海域アジア史研究会」の調査で韓国の済州島などを旅する機会があった。帰国後、私は偶然に立ち寄った神戸三宮の書店で、『越境する民――近代大阪の朝鮮人史研究』（新幹社、一九九八年）と出会った。大阪と済州島の結びつきを基軸として、広くアジア的視点から日本近代史の内面を掘り下げたその本は、ずっしりと重い読後感の残る労作である。杉原達氏（阪大教授）が豊富な資料と体験聞き取り調査をふまえて執筆した本書に、沖縄に関連した興味深いエピソードが紹介されている。

「済州島出身の朝鮮人労働者は、大阪や和歌山などの紡績工場で沖縄からの労働者とともに働くことになった。紡績女工として長年勤めて来られた梁禮女さんの話では、沖縄の女工は、とくにその服装から一目でそれとわかったという。当初、彼女たちの言葉の独特の響きに、梁さんは驚いたそうだが、次第に互いの立場を理解しあうようになったという」（同書、一二五頁）。

遠く海を隔てた二つの島、済州島と沖縄から、それぞれの想いを抱いて関西へ出稼ぎに来た若い「女工」たちの、不思議な運命の出会いを物語る回想である。

この小さなエピソードの背後には、沖縄から本土へ出ていった人びとの歴史が横たわっている。十九世紀末、古く明治三十年代に始まった県外出稼ぎは、大正末期から昭和初期にかけて本格化し、年間二万人以上に達した。関西には大阪・兵庫・和歌山を中心に五万人以上が常時滞在したといわれる。その女性の大半は「紡績女工」で、小学校卒業後、結婚するまでの若年齢層がもっとも多かった。本土へ送り出された少女たちは「カゴの鳥」のような寄宿舎生活を送りつつ、昼夜交替制の長時間労働という厳しい環境のもとで、資本主義の糸を紡ぐ作業を続けた。こうした無数の女性たちの汗と涙が、日本の産業革命をリードした近代紡績業の発展を根底で支えたのである。

ところで、朝鮮の女工さんをはじめ、多数の人びとを乗せて大阪―済州島航路を往来した船は、「君が代丸」と呼ばれたという。それでは沖縄と関西を結ぶ海上交通はどうだったのだろう？戦前の海運事情や船名を知ることは、沖縄と関西をむすぶ歴史の糸をたどる意味でも重要だが、残された手がかりは意外に少ない。

いずれにせよ、庶民の夢や哀歓を乗せ、ふるさとの島と大阪を往来した「海上の道」は、まさしく近代資本主義の歴史の光と影が交差する「人生航路」でもあった。さまざまな夢や希望を託した異郷の地で、人びとは生活習慣や言葉の違いなどから、ときには偏見や差別にぶつかることもあっただろう。しかし、多くの困難を乗り越えてたくましく生き、歴史の年輪を重ねつつ、現在に至っている。

13　済州島と沖縄

14　世界遺産・識名園の風景

首里城の南約一・五キロ、那覇市の識名真地にある「識名園」は、琉球の代表的な庭園として知られ、ユネスコの世界遺産「琉球王国のグスク及び関連遺産群」のひとつに登録されている。

識名園は十八世紀末に尚温王の冊封使歓待のために造られた王家の別荘で、識名御殿、南苑とも呼ばれた。柯姓国吉家の家譜によると、一七九九（嘉慶四）年四月二十二日に起工、約八か月後の十二月二十日に完成した。約二万三千平方メートルの広い園内は、リュウキュウマツやフクギ、ガジュマル、コチョウランなど亜熱帯の樹木や花で彩られている。

日本風の大名庭園と中国風の要素をミックスした琉球独特のスタイルで、赤瓦屋根の御殿、その前に広がる青々とした芝生、池の小島に浮かぶ中国風の六角堂、築山、果樹園などがある。また、あふれた池の水が滝口に落ちるように工夫され、南西隅の高台にある「勧耕台」からは、島尻の丘陵地帯が見渡せる。

外交的に重要な役割を果たす

池のまわりを散策しながら景色の移り変わりを楽しむ「回遊式庭園」で、アーチ型の石橋を渡って遊覧すると、いつしか歴史の影が水辺に映る。識名園を開設した尚温王の甥にあたる尚育王は、この地で誕生した。一八一三（嘉慶十八）年の『伊江親方日々記』七月二十四日条に「於識名御殿、具志堅按司御安産、御男子御誕生」とあり、祝儀の使者が派遣されている。

女性や子どもたちは夏のひとときを識名園で過ごし、池に小舟を浮かべて楽しんだりした。また、王族の保養の場所として使用されただけでなく、中国皇帝の使者である冊封使の接待にも使用され、外交的に重要な役割を果たした。かつて冊封使一行は、首里城での公式行事を済ませると、龍潭池で船遊びをしたり、識名園で歓待の宴を受けたのである。

池のほとりの井泉に、冊封使の書を刻んだ二つの石碑が建っている。一八〇〇（嘉慶五）年、尚温王の冊封使趙文楷が題した「育徳泉《いくとくせん》」と、一八三八（道光十八）年に尚育王の冊封使林鴻年が題した「甘醴延齢《かんれいいえんれい》」の碑だ。原碑の下の部分は戦災で破損し、拓本によって復元された。一八〇〇年の冊封副使李鼎元の『使琉球記』に、八月二十四日南苑（識名園）に招待され、料理はもとより、歌・三線・茶のもてなしを受けたとある。

訪れる人々を魅了

十九世紀後半、琉球王国は滅んだが、識名園は昔と変わらぬ風景で、訪れる人びとを魅了した。一八八二（明治十五）年に来島したイギリスの博物学者ギルマードは、かつての冊封使と同じように畳の上で茶のもてなしを受け、蓮池に架かる石橋の風景を写真に撮ったりした。見慣れぬ外国人のカメラに好奇の眼が注がれたのだろう。「写真は琉球人の一部にとっては非常に珍しいものであったらしい」と、ギルマードの記録に見える。

一九二三（大正十二）年、琉球を訪れた建築学者の伊東忠太博士は、雑誌『科学知識』に連載した紀行文の中で、識名園の印象を次のように記している。

「建築は堂々たる大規模で、普通の邸宅の型によっているが、その手法には面白く砕けたところがあり、庭園とよく調和している。その身舎《もや》の外に庇《ひさし》を取り、またその外の土間に孫庇を取ったところなどは限りなく面白い。しかも孫庇の柱は自然の立木を利用し、根の張ったままを礎石の上に立てたもので、一は柱の安定に有利であり、一は外観に雅趣を添ふるによろしく、誠に巧妙な考案である。余は此の如き手法を何処にも見たことが無い」（「琉球——建築文化」）

アジア各地の伝統建築を精密に調査した経験をもつ伊東らしい観察眼が光っている。

識名園の風景（ギルマードの航海記より）

よみがえった琉球王朝の庭園

それから二十数年後、「鉄の暴風」とも呼ばれた沖縄戦で、識名園の建物は全焼した。戦後、荒廃した園内から多数の不発弾を除去しつつ、一九七五年から整備事業がスタートし、二十年の歳月をかけて、ようやく復元された。

現在は世界遺産。国指定特別名勝として一般公開されている。二十一世紀によみがえった琉球王朝の庭園を、機会があればぜひ一度ご覧いただきたい。

第五章　近現代の沖縄

1　大佛次郎の敗戦日記――「沖縄戦」の記事を中心に

一八九七（明治三十）年生まれの作家、大佛次郎《おさらぎじろう》（本名・野尻清彦）は旧制一高、東大を卒業後、文壇にデビュー。『サンデー毎日』に連載された大衆小説シリーズ『鞍馬天狗』で世に知られ、フランスのパリに出来た史上初の労働者の政権、パリ・コミューンを題材とした『パリ燃ゆ』などのノンフィクション、さらに新作歌舞伎や童話など多彩な作品を発表した。その幅広い業績を記念して、没後の一九七三年に朝日新聞社が創設した大佛次郎賞は、人間精神への鋭い洞察を含む作品、歴史、現代文明の批評的な意義の高い作品などに与えられる。第一回受賞者・中野好夫は、英文学者・評論家。護憲、反安保、沖縄問題などにも深く関わった。ちなみに、旧制三高の野球部で活躍した中野の一年先輩に、沖縄戦で亡くなった島田叡《あきら》知事がいる。

大佛次郎は数多くの小説で、不撓不屈の精神で人生を闘い抜く人物を繰り返し描いた。大佛自身、最晩年には癌と闘いながら病床で小説『天皇の世紀』の完成に執念を燃やした。昭和十九年九月から二十年十月まで書き綴られた『大佛次郎　敗戦日記』（草思社、一九九五年）は、戦時下の世相を淡々とリアルに伝える興味深い記録である。その中で特に「沖縄戦」を報じたメディアの動きを追いながら、具体的に見ていこう。

「神風」という皇国神話

一九四五年四月一日の日記――「沖縄本島に敵上陸開始」とラジオで放送された。「撃沈破百五といえどなお百の艦艇と二百の船団、沖縄沖にありという。弘安の昔の姿なり」と。大佛が想起した「弘安の昔」とは、驚いたことに六百年前の鎌倉時代、一二七四年（文永十一）、一二八一年（弘安四）の二度にわたるモンゴル軍の来襲、歴史教科書でおなじみの「蒙古襲来」である。これは、鎌倉時代史上の大事件というに留まらず、前近代日本史上、屈指の対外戦争であった。九州博多湾に押し寄せた蒙古軍は台風に襲われ、多くの軍船が一夜にして海に沈んだ。

太平洋戦争中、アメリカ軍艦めがけて自爆体当たりを試みた「神風特攻隊」は、蒙古軍を撤退させた「神風」の故事にちなむ。鹿児島県の知覧、宮崎県の都城など九州各地の航空基地から発進した特攻機は、沖縄近海の米艦隊に突入する前に大半が撃墜され、多くの若者のいのちが失われた。しかし当時の軍部は、国民の戦意高揚をはかるため、特攻の戦果を誇張し、ラジオで放送した。

昭和二十年四月、鎌倉の自宅でラジオを聴いた大佛は、日記に記録している。

【四月三日】「三時のニュース沖縄の戦況を報ず。さかんに沈めているが、敵艦はまだまだ多い。陸上の戦闘案じられる。南北飛行場にせまる」。
【四月四日】「沖縄の敵、東海岸まで進出し、島を両断せし形なり、面白からず」。

読谷・北谷海岸に無血上陸した米軍は、沖縄本島を南北に分断して進撃する。北部のヤンバル山中には南部から疎開してきた約十五万の避難民がひしめいて飢餓状態におちいっていた。さらに、日本の兵隊たちは避難民に食料の提供を強要し、協力を拒む者はスパイ容疑で拷問したり、処刑するといったいまわしい事件があいついだ。大宜味村渡野喜屋をはじめ北部各地で多発した日本軍による住民虐殺事件は、「食糧強奪」が目的であったといわれる。本来、自国民を保護すべき軍隊が民間人に銃口を突きつけ食糧を奪うなど、狂気の沙汰だ。敵の米軍は「前門の虎」、敗残日本兵も恐るべき「後門の狼」と化し、避難民は両軍から挟み撃ちの苦境に追い込まれたのである。

奇怪なデマ・群集心理

そのころ横浜や鎌倉近郊で、じつに「奇怪」なうわさが流れた。四月二十二日の日記に「沖縄の敵が無条件降服したというデマがとび、駅でマイクロホンで伝え、巡査までがそういって歩いたそうである。汽車の中では罹災者が総立となり、万歳を叫んだ」という。「こういうデマを人が信じるのが奇怪なのである」と、大佛はさすがに冷静だが、奇怪なデマは戦時下の異様な群集心理と無縁ではない。

沖縄戦にふたたび眼を向けると、牛島満軍司令官・長勇参謀長・八原博道高級参謀ら第三十二軍首脳は、首里城の地下深くトンネル壕にたてこもり、首里や浦添、西原などの民間壕には多数の住民が避難していた。四月下旬、中部戦線を突破した米軍は首里攻略をめざして南下、後退した日本軍は避難壕の住民に南部・島尻へ移動するよう命じた。米軍上陸から二か月近い攻防戦の末、廃墟と化した「首里城」に米軍が星条旗を掲げたのは五月末日のことだった。

広島に原爆が投下された翌日、世界はトップ紙面で報じたが、日本では投下された爆弾が原爆である事実はしばらく伏せられていた。最も早く被災地の写真を掲載したのは八月十一日付の『毎日新聞』大阪版だが、鎌倉に住む大佛は見ていない。

八月十五日、ポツダム宣言受諾・天皇のラジオ放送を聴いたその晩、大佛は眠れなかった。翌日の朝刊でウラン型原子爆弾による深刻な被害を知り、その真相を隠す軍部を批判。「先の赤塚参謀の視察報告とは正反対である。やはりウランで六キロ平方メートルが破壊せられ、白熱した火の柱が天に沖する（天空に上がるの意）と外国の電報。参謀は国民を詐いたのである」。

【五月一日】「伯林（ベルリン）も殆ど陥落、ヒトラーも死んだらしい」と、大佛は日記に淡々とメモ。さらに終戦放送の翌日、英米開戦を主導した元首相・東條英機らを痛烈に批判する。「東條など何をしているのかと思う。レイテ、ルソン、硫黄島、沖縄の失策を現地軍の玉砕で申訳が立つように考えているのなら死者に申訳ない話である。人間中最も卑怯なのが彼らなのだ」。

【八月二十二日】「長崎の惨状が毎日新聞に写真が出た。大本営の発表は、損害は軽微なりとありしが、実は一物も存せざるような姿である。……どうしてこういう大嘘を平気でついたものだろうか。これが皇軍なのだから国民はくやしいのである。部下が妄動しているのも取締れぬ筈だ」

と、軍の隠蔽体質を批判した。ちなみに、プロパガンダの天才といわれたナチスドイツの宣伝大臣ゲッペルスの有名な言葉に、「嘘も百回繰り返せば、真実になる」。歴史の教訓として肝に銘じたい。

八月三十日の日記に、東條英機に関する世間のうわさをメモしている。いわく東條は「満州に夫婦で逃げ、東條は殺され、女房は追い返された」、東條が「狂人を装っていると云う」、「盛岡に隠れているという」説など。こうした荒唐無稽のデマがはびこる裏には、政府が不都合な事実を隠し、官僚も政治家に「忖度」して真実を語らない社会風潮があった。それに乗じて、根も葉もない「奇怪」なデマも横行する。戦時中、国民を騙した軍部の「大本営発表」は、意図的な世論操作をおこなった典型例である。

2　奄美復帰五十周年

奄美出身の人気歌手「元ちとせ」の歌を聞くと、私の心に懐かしい想いがこみ上げてくる。この不思議な感覚はどこからくるのか。言葉ではうまく表現できないが、あの南島的リズム感のもつＤＮＡ遺伝子を無意識のうちに感じるのかも知れない。奄美の風土が育んだ歴史や文化の古層に、沖縄の文化や風俗習慣、民謡のリズムと響きあう文化的な共通性があるのだろう。

「ダレス声明」で一九五三年に返還実現

二〇〇三年、奄美は「日本復帰五十周年」の節目を迎えた。歴史をふりかえると、琉球王国の一部であった奄美は、一六〇九年の島津軍侵攻後、藩の直轄領として割譲され、廃藩置県後も引き続き鹿児島県となる。第二次世界大戦後、奄美と沖縄は日本から分離されてアメリカの軍政下に置かれたが、住民の熱心な返還（復帰）運動の結果、一九五三年八月八日、米政府は「ダレス声明」で奄美諸島を返還すると発表した。

同年八月十二日付『朝日新聞』のコラム「天声人語」は次のように報じている。「ダレス米国務長官は朝鮮からの帰途、日本に立ち寄った手みやげに奄美大島群の返還を約束した。ダレスさんがバスケットから取出してくれたプレゼントはもともと日本だが、長い間の復帰の悲願が報いられたわけである。…（中略）…この島の名産大島紬も戦前は三十数万反も生産されたが、内地が外国みたいになってからは生糸の供給も絶たれた。トントントンカラリとどこの家からももれていた機織りの音も今はパッタリと絶えているそうだ。それに黒糖とカツオ節の販路も思うにまかせず、島の経済はどん底の貧窮に陥っている」と。

当時、沖縄や奄美の住民が本土に往来する際、「外国」と同じ扱いでパスポートを必要とした。内地留学が認められるまでは、向学の青少年たちは小舟で本土に密航し、同じ日本人から「密入国」で調べられたりした。手紙には「琉球政府」の切手をはり、島と内地との往来には手続きに三、四か月もかかり、「チチキトク」の電報がきても帰国許可に一か月も要するありさまだったという。こうした状況を打破すべく、日本復帰を求める声がしだいに高まり、返還運動のうねりが米政府を動かしたのである。

一九五三（昭和二十八）年十二月二十五日、待望の奄美返還がついに実現する。その日の様子を『名瀬市誌』は次のように記している。

「十二月二十五日午前零時！　この瞬間、祝砲がいんいんとこだまし、同時に高千穂神社の太鼓が、威勢よく清らかに深夜の街にひろがった。それに呼応するように、街では〝万歳〟の声がみだれとび、家々のあかりがどっとふえて、ここに奄美大島は解放の歴史的日を迎えることになった」（『名瀬市誌』下巻、二三一頁）。

十九年遅れた沖縄の返還

十二月二十五日の奄美返還は、米国から日本への「クリスマス・プレゼント」ともいわれた。実際には、奄美の戦略的価値が沖縄に比べて低いため返還したというのが真相に近い。真心からの温かいプレゼントなら、一九五三年に奄美・沖縄を「同時に返還」したほうが大いに歓迎されたであろう。しかし、米政府は沖縄を一九七二年まで頑として手放さなかったのである。その背景には東アジア軍事戦略上の冷徹な計算があったとみられる。

奄美返還から十九年後の一九七二年、沖縄はようやく返還された。ところが、広大な米軍基地は撤去されないまま今日まで居座っている。こうした現状は、やはり真の意味の「返還」からはほど遠いと言わざるをえない。

「断食で復帰祈願」の歴史も

ところで、私は二〇〇三年十一月八日、鹿児島純心女子大学で開催された「外から見た薩摩・奄美・琉球」というテーマの奄美復帰五十周年記念シンポジウムに出席した。そこで奄美出身の方から印象深い体験談を聞く機会があった。奄美の小学校で「復帰祈願」の「断食」が行われたというのである。「子供心に、こんなにお腹が減ってつらい思いをするくらいなら復帰しなくてもよい、と思ったこともありました」。半世紀前、幼い日の「断食」体験を回想しつつ、還暦を過ぎた年輩の男性は、冗談まじりにそう語っておられた。

小学生まで学校ぐるみで「断食」に参加した。「飽食」の時代に生きる現代っ子にとっては信じがたい話かもしれないが、歴史的事実である。食べ盛りの子どもたちが自発的にしたわけではなく、もちろん学校の主導である。とはいえ、「返還せよ」と声高に叫ぶのではなく、「断食」の苦しみを耐えつつ意志表示する静かな抵抗運動。子どもたちも交えた一種の「ハンガーストライキ」である。その返還要求メッセージは支配権を握る米政府に対し、無言の圧力として少なからぬ心理的影響を及ぼしたとみられる。

こうした「断食」は大人だけでなく、子どもたちの歴史体験を含めた復帰運動の一面を伝えるエピソードとして、奄美の人びとの切ない心情をひしひしと感じさせる。それは、「元ちとせ」の歌とは違う文脈で私たちの心に響く、「歴史への共感」であろう。

3　ベトナムの戦争の記憶

ベトナム反戦市民運動「べ平連」などで知られる作家の小田実氏が、二〇〇七年の七月にガンで世を去った。新聞で訃報を知った私は、その数か月前に調査で訪れたベトナム・ホーチミンの「戦争証跡博物館」の記憶をあらためて思い出した。

伝統文化を根底から破壊

ベトナム戦争のころ、サイゴンとよばれたホーチミンの町は、メコンデルタのサイゴン川西岸に広がる人口七百万人の大都市だ。現地を訪れたのは三月とはいえ、連日三十五度を越える酷暑で、吹き出る汗をぬぐいながらの旅であった。統一会堂からほど近い「戦争証跡博物館」の庭に、米軍の戦車や戦闘機が所狭しと並べられている。その異様な光景にまず驚いた。さらに米軍が散布した「枯れ葉剤」による奇形胎児のホルマリン漬けや、ソンミ村虐殺事件の写真など生々しい展示を目の当たりにして、戦争の恐ろしさを改めて実感させられた。

一九七五年のベトナム戦争終結から四十年余の月日が流れたが、戦争の傷痕は今なお癒えない。私たちが訪れたある村の老人の証言に、米軍の投下した焼夷弾で多くの村民が焼き殺され、村の神様を祀る廟に保管した歴史資料類もすべて灰燼に帰したという。貴重な人命を奪い去るのみならず、伝統文化を根底から破壊する戦争体験は、「沖縄戦の記憶」と重なるように思えた。

ベトナムと直結していた沖縄

歴史をふりかえると、冷戦構造下でアメリカの世界戦略に組み込まれた沖縄は、「太平洋の要石」と呼ばれ、極東最大の軍事基地としてベトナム戦争を支える役割を担わされた。基地撤去と反戦平和を求める叫びが高まる一方で、「黒い殺し屋」ともよばれたB52戦略爆撃機が一九六八年二月ごろから沖縄にも常駐し、嘉手納基地からベトナムへ出撃していったのである。

一九六八年十一月十九日未明、離陸に失敗したB52機が嘉手納基地内の知花弾薬庫近くに墜落し、爆発・炎上する事故が発生した。大音響とともにキノコ状の噴煙が百数十メートルも噴き上がり、爆発音は遠く那覇までも届いたといわれる。爆風により周辺地域の窓ガラスが割れ、住民は着の身着のまま避難する騒ぎとなった。このB52墜落事故は、ベトナム戦争と沖縄の米軍基地が直結していることを痛感させ、これを機にB52撤去闘争や「べ平連」の活動が、いっそう拡大していった。

過ちを犯した理由を説明する責任

ベトナム戦争当時のアメリカ国防長官ロバート・S・マクナマラは、のちに米国のベトナム政策の誤りを率直に認め、その反省から未来への教訓を導き出そうとした。

「私たちは過ちを犯してしまった……重大な過ちを。私たちは過ちを犯した理由を将来の世代に説明する、という義務を負っているのだ」（『マクナマラ回顧録～ベトナムの悲劇と教訓～』）。

ホーチミンの戦争証跡博物館内に展示してあった「マクナマラ回顧録」は、私たちが歴史の誤りを直視することを忘れたとき、ふたたび同じ過ちをくりかえす、と厳しく警告しているように思えた。

4　佐藤首相の沖縄訪問演説――一九六五年の知られざる史実

総理大臣の沖縄訪問

日本の総理大臣の沖縄訪問は、一九七二（昭和四十七）年の復帰前には、わずか二回である。初回は一八八七（明治二十）年十一月の伊藤博文、二回目は一九四三（昭和十八）年七月の東條英機。そして歴代総理として三人目、戦後初めての訪問者が佐藤栄作である。

一九六五（昭和四十）年八月十九日午前十時、佐藤首相一行は日航特別機で那覇空港に降り立った。メンバーは自民党から田中角栄幹事長、内閣から橋本登美三郎官房長官、中村梅吉文部大臣、鈴木善幸厚生大臣。また、特別顧問として早大総長などを歴任した大浜信泉（南方同胞援護会長）、衆参両院議員、政府側随員、同行記者団ら総勢八十名。首相一行は、八月二十一日まで二泊三日の日程で本島各地をはじめ、宮古、八重山にも足をのばした。

当時、沖縄を取り巻く国際情勢は緊迫していた。ベトナム戦争が悪化、B52戦略爆撃機が嘉手納基地からベトナムへ出撃するなど、米軍は沖縄をベトナム戦争の戦略拠点としていた。こうした情勢下で一九六五年一月、第一回日米首脳会談が開かれ、沖縄の「復帰運動」の高まりとともに、本土から調査団が相次いで来沖する。そして、同年夏には首相の沖縄訪問が計画されるのである。

こうして政治の焦点は、佐藤訪沖に向けて動き出した。これに対し、沖縄側の反応は複雑で「歓迎」「阻止」「抗議」「要請」などさまざまな立場が交錯した。

知られざる史実

那覇空港で行われた当日の歓迎式典で佐藤首相は、歴史に残るステートメントを発表した。「私は、沖縄の祖国復帰が実現しないかぎり、わが国にとって戦後の終わっていないことを、よく承知しております。これはまた、日本国民すべての気持ちであります」という有名な演説である。

それから半世紀が過ぎた二〇一五年一月十五日、外務省は新たに「外交文書」四十一冊を公開した。その中から、知られざる歴史の一面が浮かび上がる。一九六五年の佐藤訪沖に関する文書によると、「沖縄の戦略的、軍事的重要性」を強調するよう米国側から圧力を受けた外務省と佐藤首相の判断で、予定していた演説内容に修正を加えたことが明らかとなった。すなわち、「極東の平和と安定のために沖縄が果たしている役割は極めて重要」との一節を加え、実際に読み上げたのである（国映館での演説）。基地存続を前提とする発言で、米軍普天間飛行場を含む沖縄の過重負担に影響を及ぼしたとみられる（『毎日新聞』二〇一五年一月十五日夕刊一面）。

先に引用した有名な佐藤首相の演説にも、じつは意外な裏話が隠れていた。そのことに私が気づいたのは、元外交官の枝村純郎著『外交交渉回想――沖縄返還 福田ドクトリン 北方領土』（吉川弘文館、二〇一六年十一月）による。著者は、三十四歳で北米課長に就き、沖縄返還問題にもかかわった外交官である。六五年八月、沖縄を訪問した佐藤首相のあの有名なスピーチは、じつは自分が書いたものだと枝村氏は、この本で明かしている。多忙な首相に代わり演説原稿を執筆した「ゴーストライター」ご本人が半世紀後、その事実をみずから公表したのである。

また、これとは別に沖縄返還の際に、日米両首脳が「核兵器」持ち込み等の「密約」を結んだことも、今日では明らかだ。時の為政者はこの重大な「事実」を隠蔽し、国民にまったく公表しなかった（西山太吉『沖縄密約――「情報犯罪」と日米同盟』岩波新書、二〇〇七年）。

皇居前の竹橋駅近くにある「国立公文書館」を機会があれば、ぜひ訪ねてほしい。面倒な手続き等は必要なく、誰でも資料閲覧が可能である。事実を「知ること」は、国民一人一人の権利である。

国立公文書館　〒一〇二―〇〇九一　東京都千代田区北の丸公園３―２
電話〇三（三二一四）〇六二一　※地下鉄東西線「竹橋駅」下車徒歩五分。

那覇空港で演説する佐藤栄作首相（沖縄県公文書館所蔵）

5　歴史は誰のものか――沖縄戦の真実

過去に起こった事実を無かったことにする、「歴史の歪曲」が問題となっている。戦後六十二年、戦争体験の記憶がしだいに薄れてきた状況に乗じて、歴史的事実をねじ曲げ、記憶の改変をはかる動きである。文部科学省による教科書検定で、沖縄戦の「集団自決」（強制集団死）から「日本軍の関与・強制」という記述が削除された。「集団自決」は住民の意思によって行われた自発的な死であり、国に殉じた「美しい死」であると子供たちに教えていこうというのだ。

こうした復古的な価値観は、靖国神社への参拝問題や憲法改正の動き、「戦後レジームからの脱却」といった主張とも無縁ではない。戦争を美化し、国民を再び戦争に動員するために、軍隊に対する国民の警戒心を取り除くことが狙いで、軍隊が住民を死に追いやったという事実を歪曲し、歴史から消し去ろうとしているのだ。

こうした歴史の歪曲は、「戦死者への冒涜」である。これに対し、沖縄県民の怒りが沸騰し、「教科書検定意見撤回を求める県民大会」が二〇〇七年九月二十九日に宜野湾市で開かれ、予想をはるかに上回る十一万人が参加した。沖縄戦で日本軍による住民虐殺、スパイ狩り、集団自決、壕追い出し、食糧強奪などが実際に起こったことは、多くの住民の体験から明らかだ。

渡嘉敷島の集団自決で奇跡的に生き残り、両親や弟妹を失って孤児となった十六歳の少年は、のちに牧師として「歴史の証言台」に立った（金城重明『集団自決を心に刻んで――沖縄キリスト者の絶望からの精神史』高文研、一九九五年）。「平和」の創造こそ人間が生きる核心の課題と見定め、自らの生々しい体験と、平和への思いを綴ったこの本は、戦争体験者の貴重な証言として、多くの人に語り継いでいかなければならない重みをもっている。

いかなる歴史であれ、これを消しゴムで消すように安易に消去することは許されない。今回の県民大会では、国レベルの教科書検定で危うく消されようとした「歴史の記憶」を自分たちの手で取り戻そう、という切実な願いが強く感じられた。戦争の記憶を若い世代へと継承していくなかで、私たちは沖縄戦の意味を深く受けとめ、その歴史を未来に語り継ぐ責任がある。

（二〇〇七年十一月七日記）

6　国境の島々――揺れる教科書問題

二〇一一年八月から九月にかけて、中学校の歴史・公民教科書の採択問題が社会の注目を集めた。その背景について考えてみたい。

国境に近い沖縄の与那国島では自衛隊の配備計画が進められつつあり、尖閣諸島の防衛問題ともからむ政治的な動きとなっている。前年十二月に閣議決定された新たな「防衛計画の大綱」は、南西諸島の防衛強化を打ち出している。また海上保安庁は、無人島で不法上陸などが起きた場合、海上保安官に一時的な捜査権を与え、海上警察権を強化するなどの法改正を目指している。そのような状況の中、玄葉光一郎外相は九月五日、報道各社のインタビューに応じ、中国の漁業監視船による尖閣領海侵犯を念頭に、日中両国の緊急事態発生時に情報を迅速に共有する「海上危機管理メカニズム」の早期構築を目指す考えもあらためて示した。

米掃海艦寄港をめぐる米国の戦略

すでに数年前からアメリカ艦船は八重山海域に接近していた。二〇〇七年六月には米海軍佐世保基地所属の掃海艦二隻が与那国島に寄港、〇九年四月には石垣島に同じ二隻の掃海艦が初めて寄港した。与那国、石垣両島への米艦寄港の目的は、尖閣海域の有事を想定し、八重山諸島の港湾施設の状況を把握するためであった。在沖米総領事館が「与那国は台湾海峡有事の際に掃海活動の拠点となり得る」、と分析していたことが分かった。内部告発サイト「ウィキリークス」がこのほど公開した同総領事館発の〇七年六月二十七日付「極秘」公電で明らかになった（『沖縄タイムス』九月十五日付紙面）。当時のメア総領事は、「米艦が両島に寄港して、これらの島を防衛するという決意を示すことによって、逆に中国に対する抑止力になる」と、米国の戦略を主張している（ケビン・メア『決断できない日本』文春新書、一六四頁）。

こうした米艦の寄港に、当時の石垣市長らは強く反対した。しかし、二〇一〇年二月の石垣市長選で革新系市長は保守系の候補に敗れた。さらに同年九月、尖閣諸島沖で中国漁船衝突事件が起こり、事態は急転する。クリントン国務長官は前原外相との会談で「尖閣諸島は日米安保条約の適用対象」と表明し、中国に対する「日米同盟」の結束をアピールした。

教科書採択の背景にあるもの

こうして尖閣をめぐる緊張が高まるなかで、教科書問題が浮上してきたことに留意する必要がある。保守系の新石垣市長は領土・国防問題などをアピールして当選した。そして、新市長が教育行政のトップに抜擢したのが、じつは今回問題の教科書採択を主導した玉津石垣市教育長であった。「日本教育再生機構」などの団体は、政財界を巻き込み、全国自治体の首長や教育委員会などに対し、「新しい歴史教科書をつくる会」系の教科書採択を強く要請した。その流れを受け、八重山採択地区協議会は八月二十三日、育鵬社版をあえて採択したとみられる。

自衛隊の与那国島配備も現実問題として取りざたされており、事態を憂慮した教育関係者や市民らの反対運動が高まった。「沖縄平和ネットワーク」は八月二十八日、採択撤回と再審議を求める要請書を教育委員会に送付した。子どもたちの国防意識を育て「戦争のできる国」をめざす、という育鵬社版の採択に反対し、教育現場と市民が納得できる教科書採択を求めたのである。

竹富町教育委員会が育鵬社版を不採択としたことを受け、九月八日八重山地区の全教育委員による協議が行われた結果、育鵬社の教科書は多数決で不採択となった。一件落着かと思われたが、事態は急転する。中川正春文部科学相は九月十三日の閣議後記者会見で、育鵬社版の採択を撤回して東京書籍版を採択した八重山地区の協議について、「協議は整っていないと考えざるをえない」と話した。石垣市、与那国町の両教育長が「協議は無効」と主張していることを踏まえたもので、教科書採択問題は振り出しに戻った。

国境を越えた平和な共存関係を

今回、大きな混乱を招いた責任は、教育現場の意見を無視して教科書採択を強引に進めた教育行政にある。一方で、国際情勢の変化による間接的な影響も無視できない。尖閣諸島をめぐる日中間の対立を背景に、米国をも巻き込んだ海洋権益の主導権争いが繰り広げられる状況の中で、領土・領海・資源をめぐる問題に一般市民の関心が高まっている。

今後、自衛隊配備によって国境地域の軍事的緊張を高める方向ではなく、むしろ住民が国境を越えて交流する経済活動や観光を通じて平和な共存関係をはかることが望ましい。

（二〇一一年十月七日記）

（補注）……尖閣問題について詳しくは、『尖閣研究―高良学術調査団資料集』（データム・レキオス発行、二〇〇七年）。原田禹雄『尖閣諸島―冊封琉球使録を読む―』（榕樹書林、二〇〇六年）。浦野起央『尖閣諸島・琉球・中国―日中国際関係史―』（三和書籍、二〇〇二年）。真栄平房昭「中国の海洋進出と日中関係―尖閣諸島の石油資源・領有権をめぐって―」（『現代中国の構造変動8　国際関係―アジア太平洋の地域秩序』東京大学出版会、二〇〇一年）。

7　辺野古の海辺に響く鉦の音

「かーん、かーん」という鉦《かね》の音が、海辺の集落に響きわたる。海の安全や五穀豊穣を祈る伝統行事「ハーリー」だ。この鉦が聞こえると、沖縄では梅雨明けのシーズンを迎える。この行事は旧暦五月初めに各地で開催されるが、普天間基地の移設問題で揺れる名護市の辺野古地区でも先ごろ、ハーリーが行われた。だが、のどかな祭りの風景とは別に、いま現地では新たな米軍基地建設のための工事も急ピッチで進んでいる。

「重要海域」に選定された辺野古の海

計画予定地の「キャンプ・シュワブ」沖に広大な立ち入り禁止海域をつくり、ブイや柵で囲い込み、無断で立ち入れば、刑事特措法の適用による逮捕なども予想される。政府としては、二〇〇四年の海上阻止行動によってボーリング調査を中止した苦い経験から、今度は反対運動を力ずくで封じ込めようと画策している。その背景には、二〇一四年十一月に予定される沖縄県知事選で、辺野古埋め立て反対派の知事が誕生する前に、基地建設に向けた既成事実を積み重ねる狙いがあるようだ。

辺野古の海辺には、立て看板などを並べた二つのプレハブ小屋がある。一つは移設に反対する人たちの拠点で、新聞記事のコピーや写真パネルなどが張られている。もう一つは移設賛成派の拠点である。基地移設をめぐって賛否両論が渦巻くなか、県知事は国による埋め立て申請を認可した。しかし、環境省の有識者会議は、辺野古沖を含む本島沿岸のほぼ全域を、「重要海域」に選定している。そこには規模の大きな良好な藻場があり、大浦湾内には多くの種類のサンゴの生息が確認されている。砂地にはジュゴンの好物である海藻類が藻場を作り、クマノミなどサンゴ礁生物のオアシスになっている。希少種アオサンゴの大群落が広がる海に、ジュゴンも生息する。

ハーリー鉦が来年も響きわたることを

ウミンチュ（漁師）たちは、古くから大浦の海とともに暮らしてきた。今でも多くの漁師が潜り漁や刺し網漁を生活の糧として働いている。シュワブ沿岸、大浦湾海域は藻場が発達し、あらゆる魚の産卵場所となっている。また、湾奥の大浦川河口付近にはマングローブ林があり、絶滅危惧種トカゲハゼの北限にあたる。サンゴ礁生態系を構成する生き物たちの多様性から、自然保護上きわめて重要な海域なのである。

日米両政府がめざす新たな基地建設は、こうした豊かな自然を根底から破壊するだけでなく、地域の暮らしや伝統文化にもとりかえしのつかない影響を及ぼす。基地の県内移設をめぐって翻弄されている海辺の集落。平和な暮らしと環境を求めて、政府の圧力をなんとか跳ね返そうとする住民運動は、歴史の分岐点に立っている。ハーリーの鉦が来年も響きわたることを願い、辺野古の海をめぐる厳しい状況から目が離せない。

（二〇一四年七月七日記）

辺野古の海岸。フェンスの向こうはキャンプ・シュワブ（撮影・著者）

8　基地反対の声――島ぐるみ闘争の歴史と現在

辺野古沿岸で、緊張が高まる

米軍普天間飛行場の名護市辺野古への移設をめぐって、移設に反対する市民らの抗議活動に対し、海上保安庁の警備強化で緊張が高まっている。

沖縄の第十一管区海上保安本部所属の巡視艇やヘリコプター等のほか、県外から少なくとも十六隻以上の巡視艇が動員されていることがマスコミの取材で明らかになった。政府は、さらに海上自衛隊の掃海母艦「ぶんご」の派遣も検討中だ。同艦は前甲板に速射砲を装備し重機関銃数丁を格納する、事実上の「軍艦」だ。海自はあくまで「後方支援」の任務に徹する方針だが、海上で海保と住民らが衝突した場合、政府側が「海上警備行動」を命じる可能性もありうるという。

二〇一四年七月一日、辺野古沿岸の「立ち入り禁止水域」を従来の五十メートルから最大二キロメートルまで拡げることが閣議決定された。安倍首相は防衛相幹部を官邸に呼び、辺野古移設作業の進捗状況について報告を受けた。その際、「なぜ作業が遅れている。さっさとやれ」などと、浮標灯（ブイ）設置や海底調査開始の遅れについて声を荒げて叱責し、机をたたくなどしてまくしたてたと、新聞で報じられた（二〇一四年七月十九日付『琉球新報』）。

七月二十七日には、辺野古沖でカヌーに乗って抗議活動をしていた二名が海上保安官に一時、身柄を「拘束」された。また、防衛局は基地入口近くの道路にも「鉄板」を敷くなど、住民との緊張が続く。八月十一日には、台風の接近で一時撤去していた浮桟橋の設置作業が再開された。現場海域では海上保安庁のゴムボート十隻や巡視艇二隻などが作業現場を封鎖する形で航行し、抗議のため接近する市民らに警告を発している。こうした物々しい警備ぶりは、明らかに基地反対運動への「威嚇」であり、市民運動への弾圧は事態をますます混迷させることにもなりかねない。

「島ぐるみ住民運動」の歴史

こうした基地問題の現状をおさえた上で、次に長期的視野から歴史をふりかえって見てみよう。戦後沖縄における住民運動には少なくとも三つの大きな波があった。最初は、米ソ冷戦下の一九五〇年代半ばの「島ぐるみ土地闘争」である。米軍が「銃剣とブルドーザー」で土地を奪い、基地を押し付けてきたことに対する住民の怒りが爆発したのである。二度目は、一九六〇年代末から七〇年代初めの本土復帰運動。そして三度目が一九九七年の「名護市民投票」にいたる住民運動で、米軍のヘリポート基地建設の是非を問うものであった。

歴史とは、「現在と過去との尽きることのない対話である」という有名な言葉通り、現在の意味を探るヒントは歴史の中にある。沖縄戦後史を理解するキーワードの一つ、「島ぐるみ闘争」の動きを具体的にみると、米ソの冷戦が激化した一九五三年四月、アメリカは土地収用令を発して軍事基地の拡大をはかった。これに対し、軍政下の圧政、言論弾圧、人権侵害、選挙介入などに対する沖縄住民の不満と反発が一挙に高まった。

これに対して米側は、軍用地料を大幅に引き上げ、一括払いの方針を撤回する妥協をはかり、島ぐるみ闘争を終結に導いた。この運動の高まりを経験した住民は大きな自信を得た。以後、労働組合や各種団体の結成が急速に進み、一九六〇年四月には、その後の復帰運動の母体となる「沖縄県祖国復帰協議会」（復帰協）が結成されたのである。

しかし、日米両政府は基地撤去を訴える叫びに耳を傾けず、逆に沖縄に基地負担をしわ寄せする政策をとった。一九五七年六月、岸首相・アイゼンハワー大統領共同声明で日本からの一切の地上戦闘部隊の撤退が合意され、本土各地から米海兵隊を沖縄に移駐したのである。

その結果、一九五二年に沖縄の米軍基地の約八倍あった日本の広大な基地は、六〇年には約四分の一に減少した。一方、沖縄の基地は六〇年には、五二年段階に比べて約二倍に増えたのである。その後も、日本の国土面積の〇・六％しかない沖縄に在日米軍基地の七四％が集中する異常な事態が続いている。

新たな島ぐるみ運動

二〇一四年七月二十七日、基地の県内移設に反対する「島ぐるみ会議結成大会」が宜野湾市民会館で開催された。島ぐるみ（オール沖縄）の旗印は、単に政治的な保守・革新を越えるというスローガンではない。新崎盛暉氏が指摘したように、その本質は「さまざまな多様性を持ち、内部矛盾を抱えながらも、抑止力とか、負担軽減とか、軍事的な地政学上の優位性とか、沖縄振興策とかいう言葉の欺瞞性を実感し始めた人たちが社会の大多数を占めてきたということである。それは、沖縄戦を起点とする沖縄現代史の、民衆抵抗運動の集積の結果である」（『沖縄を越える─民衆連帯と平和創造の核心現場から』凱風社、二〇一四年）。

今回、発足した新たな「島ぐるみ会議」は、県内政財界や労働・市民団体の有志、有識者らの呼びかけで二千人余が参加した。その背景には「建白書」問題がある。二〇一三年一月、オスプレイの配備撤回や普天間基地の県内移設断念などを求めて県内四十一市町村長らが上京し、安倍首相に「建白書」を提出したのである。この建白書の訴えを実現しようという「島ぐるみ会議」の大会アピールは、次のような印象深い言葉で結ばれている。

「（前略）…基地に支配される沖縄の未来を、私たちは拒絶します。そのような未来を子どもたちに残してはなりません。…（中略）…二〇一三年沖縄『建白書』の実現を求め、辺野古強行を止めさせ、未来を私たちのものとするために、沖縄の心をひとつにし、島ぐるみの再結集を、全沖縄県民に呼びかけます。」

半世紀以上も基地問題に呪縛され続けてきた沖縄住民の未来へ向けての切なる願いである。現在に生きる私たちは、過去の歴史を主体的にとらえることなしに未来への展望を拓くことはできない。政治、外交、経済など複雑な諸要素がからみ合って動いていく現代では、過去を見る新しい眼が切実に求められている。「島ぐるみ運動」の歴史はたんなる過去ではなく、現在から未来を生きる若い世代にも新鮮なメッセージを伝えてくれるにちがいない。

（二〇一四年九月七日記）

8　基地反対の声

9　国土が戦場になった時――沖縄戦と首里

太平洋戦争の終結から七十年目を迎える沖縄では、いま辺野古の新基地建設に反対する住民運動のうねりが高まりつつある。国土が戦場になった悲劇を二度と繰り返さないために、沖縄戦の歴史を改めてふりかえる必要があろう。

鉄の暴風

一九四五年、米軍は沖縄攻略作戦をアイスバーグ作戦と称して艦艇千五百隻、延べ五十四万人の兵力を投入した。三月二十六日、那覇の西方にある慶良間諸島に上陸を開始、四月一日には主力部隊が沖縄中部の西海岸に上陸した。この上陸に先立って海岸には約十万発の砲弾、ロケット弾が撃ち込まれたという。四月七日ごろから米軍は首里の日本軍司令部を目指して総攻撃を開始、前線の大謝名（現宜野湾市）―和宇慶（現中城村）ラインに達した。

その後、首里防衛のために構築された二重、三重の防衛陣地のある宜野湾の嘉数、浦添の前田高地を中心に四十日に及ぶ攻防が展開されたが、日本軍の消耗は著しく五月二十日頃には米軍は首里近辺に迫った。五月二十一日付の英字新聞『ミネアポリス・スター』は、「沖縄の米軍、首里への攻撃態勢に入る」との見出しで、次のように報じている。「(沖縄発) 第七歩兵師団と第一海兵師団は本日、いまや廃墟となり戦略的価値を失いつつある首里をめざし総攻撃を開始すべく態勢を整えた。この間、首里周辺では激闘が繰りかえされた。日本兵の中には米海兵隊の軍服を着て、米軍の兵器をもって反撃してきた者や、背中に爆雷を背負って身体ごと米軍の戦車に体当たりする者も出てきた」と。まさに肉弾戦である。

廃墟となった首里の街

日本軍司令部の置かれた首里の街は、アメリカ軍から集中的に攻撃を受けた。首里城の地下に総延長千数百メートルの防空壕を築き、押し寄せる米軍に必死の抵抗を続けた日本軍は、五月二十七日ついに首里を放棄し、島尻方面へ撤退。その二日後の五月二十九日、廃墟と化した首里城跡に星条旗が掲げられた。六月末までに米軍は、約五十一万発の艦砲弾と百十七万発の野砲・重砲弾を沖縄の大地に打ち込んだ。まさに「鉄の暴風」が吹き荒れたのである。日本軍によって食料を奪われたり、安全な壕を追い出され、砲弾のふり注ぐ中をさまよったりした多くの住民が犠牲となった。
ひめゆり学徒隊の引率教師であった仲宗根政善は、六月二十三日に喜屋武海岸で米軍に包囲され、生徒十二名とともに捕虜となる。野嵩収容所にトラックで移送される途中、「はじめて那覇の廃墟から首里の惨状を見た」という。まっ白な雪山のようで、草木も無いほど徹底的に破壊しつくされた姿であった。首里を占領した米海兵隊員ユージン・B・スレッジの戦記から、次に引用しておく。

「今は廃墟と化しているけれど、アメリカ軍の絶え間ない砲爆に破壊されるまでは、首里城の周辺が風光明媚な土地だったことはうかがい知れた。城そのものは惨憺たるありさまで、元の外観はほとんど想像もつかない。辛うじてわかるのは古い石造りの建物だったということ、それにテラスや庭園らしきものと外堀に囲まれているということだけだ。瓦礫のあいだをぬって歩きながら、私は石畳や石造物、黒焦げになった木の幹を見つめた。以前はさぞ美しかっただろうに、と思わずにはいられなかった。」

（伊藤真／曽田和子訳『ペリリュー・沖縄戦記』講談社学術文庫、二〇〇八年、四一六頁）

廃墟と化した首里の街の様子は、先述のように仲宗根政善の脳裏深く刻まれ、その回想録でもくりかえし戦争の悲惨さを私たちに伝えている。

「終戦直後、県民の口をついて出たのは、国破れて山河なしということばであった。捕虜になって、トラックに乗せられて、那覇を通ったことがあった。那覇は十・十空襲で敵の波状攻撃を受けて灰燼に帰して、さらに戦争で砲弾をぶちこまれて死の瓦礫の街と化していた。トラックの上から東の方を見やると、東の方に見なれない雪で覆われたような白い丘があった。私は自分の眼をうたがった。緑したたる旧都首里の変貌した姿であったからである。天文学的数量の砲弾をぶちこまれて、首里城も吹っ飛び、岩石は打ち砕かれて粉をふき、まるで白雪に蔽われたように真っ白くなっているのであった。私は世界の人びとが沖縄戦はこうだったという惨状を見とどけるまでは草よ茂るな、木も伸びるな、とさけんだ。後で正確な数字がわかったのであるが、二十万発の砲弾と、千ポンドの爆弾、数千発の砲撃砲がぶちこまれて、首里は壊滅した。戦後はじめて、遠くから雪山のように見えた首里に足をふみ入れた。一軒の建物も残っていなかった。硝煙にくろずんで、破壊された石垣だけが残り、至るところに屍が散乱していた。ただ首里教会の十字架ばかりが、青空につったっていた。龍潭の池は幾万の将兵の血でよどんでいた」

（『ひめゆりと生きて　仲宗根政善日記』琉球新報社、二〇〇二年、二七一頁）

住民の体験記から

沖縄戦を生き延びた住民、その貴重な証言を最後にひとつ要約する。当時十五歳、国民学校高等科二年生の島袋スエ子さんの体験である（『那覇市史　資料篇』第3巻7〈市民の戦時・戦後体験記〉より）。

戦火の迫り来る首里から中部の越来（現、沖縄市）方面へ脱出した後、捕虜となった。北部の久志収容所を経て、羽地の真喜屋で終戦を迎えた。八月十五日「米軍食堂」で終戦を告げる昭和天皇の「声」、いわゆる玉音放送を聞く。だが、彼女の戦後の歩みは暗澹たるものであった。「翌年、首里に帰ってみたが、姉の初枝、伯父、伯母、それに六人のいとこたちは皆、島尻のどこかで消息を絶ち、荒れ果てた屋敷は、砲弾の破片がゴロゴロしていた」という。

親族あわせて九名が亡くなった沖縄戦。その悲痛な記憶は、少女の心から一生消えることがなかったにちがいない。

廃墟と化した首里の教会
（1945 年米軍撮影、沖縄県公文書館所蔵）

10　戦後70年・新基地反対県民大会

二〇一五年五月十七日、那覇市内の沖縄セルラースタジアムで「戦後70年止めよう辺野古新基地建設！　沖縄県民大会」が開かれた。平和憲法をふみにじる集団的自衛権の行使や日米安保の再編強化によって、日本はこれまで経験したことのない歴史の大きな曲がり角にさしかかっている。

三万五千人の熱気にあふれる

この動きは、当面する基地問題だけでなく日本や東アジアの将来と密接に関わる。菅官房長官のいわゆる「粛々と」発言からもわかるように、選挙を通じて明確に示された沖縄の「民意」を無視し、政府は辺野古に新たな基地建設を強行しようとしている。

これに対し、「新基地建設ノー」の断固たる意思を日本全国、世界に発信する大会であった。炎天下にもかかわらず、杖をついて参加した高齢者から赤ん坊を抱いた夫婦、高校生や家族連れまで幅広い世代が県内外から集まり、会場は約三万五千人の熱気につつまれた。

日米軍事同盟を最優先する安倍政権は、米国の戦争を支援するため自衛隊を世界中に送るための集団的自衛権関連法案を国会に提出する。現在、沖縄の与那国島や宮古島で建設が進められようとしている新たな自衛隊基地は、海外での武力行使の中継補給拠点となり、沖縄をふたたび戦火にさらす危険性をはらんでいる。なによりも県民が切望する基地縮小とはまったく逆行する、日米の基地強化にほかならない。

知事のことばから

こうした状況をふまえ、県民大会であいさつした翁長雄志知事は歴史をふりかえり、

「日本が独立し、沖縄が切り離された（一九五二年四月二十八日発効）サンフランシスコ講和条約の祝賀式典で万歳三唱する姿を見ると『また同じ歴史が繰り返されることはないだろうか』……（中略）……『将来の子や孫が捨て石として犠牲とならないか』」

と憂慮した。また、沖縄戦後、銃剣とブルドーザーによる強制接収で米軍基地が拡張されてき

た歴史をふまえ、翁長知事は次のように訴えた。

「何回も確認を致します。沖縄は自ら基地を提供したことは一度もございません。普天間飛行場もそれ以外の基地も、戦後、県民が収容所に収容されている間に米軍に接収され、また居住所等をはじめ、強制接収されて、基地建設がなされたのであります。自ら土地を奪っておきながら、『普天間飛行場が老朽化したから』、『世界一危険だから』、『辺野古が唯一の解決策』、『沖縄が負担しろ、嫌なら沖縄が代替案を出せ』と（日米政府は）言っておりますが、こんなことが許されるでしょうか。私はこのことを日本の政治の堕落だと言っているわけであります」

（五月十八日付「沖縄タイムス」、括弧内は引用者による）

歴史に眼を閉ざすことなく

二〇一一年六月末の統計で、陸・海・空軍に海兵隊を合わせた在日米軍兵力の総数は三万六千七百十二人で、そのうち在沖米軍の兵力は七〇・四％に相当する二万五千八百四十三人。特に「海兵隊」は日本に駐留する一万七千五百八十五人のうち沖縄に一万五千三百六十五人が集中し、割合は八七・四％に達する。米海兵隊は最新鋭ステルス戦闘機Ｆ35を嘉手納基地や伊江島

県民大会の会場で、「辺野古新基地NO」のプレートを掲げる人々（撮影・著者）

補助飛行場で運用する計画で、辺野古にも飛来する可能性が高い。米軍は二〇一一年六月末を最後に在沖米軍の人数を公表しておらず、沖縄への過重負担という事実を表に出したくない意図も指摘されている。

昨今のテレビやインターネットを駆使したコイズミ、アベ、ハシモト流の巧みな政治手法、いわゆる「劇場型政治」が繰り広げられる舞台裏で、実は政府にとって都合の悪い歴史的事実を修正したり、あるいは国民の「知る権利」を制限し事実そのものを隠そうとする特定秘密保護法（二〇一四年十二月施行）などの動きも強まっている。それゆえに私たちは、歴史に眼を閉ざすことなく、現在と未来をしっかりと見据えていく必要があろう。

11　「土人」発言とその歴史的背景

沖縄の米軍北部訓練場のヘリパッド建設に反対する県民に向かって、大阪府警の機動隊員が「土人！」、「シナ人！」と暴言を吐いた。ヘイトスピーチ（憎悪にもとづく発言）を取り締まるべき警察官が、公務中に差別発言をしたのは明らかな職務違反だ。この発言をめぐっては、金田法務大臣が二〇一六年十月の参院法務委員会で「差別用語」に当たるとの認識を示し、菅官房長官も差別的発言だと認めた。一方で、大阪府の松井一郎知事は、ツイッターで「出張ご苦労様」と警察官をねぎらい、マスコミ等でも批判された。

十一月八日の参院内閣委員会で、警察官の「土人」発言について鶴保庸介沖縄・北方担当相は、『これが差別である』というふうに断じることは到底できない」と述べ、人権問題に当たらないとの認識を示した。明らかな「差別発言」だと政府関係者が認めているにもかかわらず、鶴保大臣は「差別発言とは断定できない」との持論を重ねて主張した（十一月十日）。これでは沖縄問題担当大臣としての見識はおろか、一般市民レベルの人権感覚の欠如さえ疑われる。

琉球処分官・松田道之の「土人発言」

近代の歴史上、沖縄の人々を「土人」と蔑視した最初の例は、当時の内務卿・伊藤博文の命を受け琉球に派遣された政府高官の松田道之（元・鳥取藩士）であろう。一八七九（明治十二）年、「琉球処分」（廃藩置県）を終えた松田は、同年六月三日付の「沖縄県下士族一般ニ告諭ス」と題する文書で、政府の方針に従わない人々を「土人」と称し、威嚇した。内務官僚の松田道之による発言要旨は、次の通りである。

お前たちが旧態を改めないときは、新たに発足する県庁の職務はみな「内地人」を採用するぞ。

琉球処分官・松田道之

ここの「土人」は一人も県庁に就職できず、あたかも「亜米利加（アメリカ）ノ土人、北海道ノアイノ（原文ママ）等ノ如キノ態ヲ為スニ至ルヘシ。」…（中略）…「百職皆ナ内地人ノ専有トナルトキハ」、ここの「土人」は多かれ少なかれ職を失うだろう。「是又子等ノ自ラ招ク所ナリ」云々と（松田道之編『琉球処分』第三冊、『明治文化資料叢書』第四巻　外交編、風間書房、一九七二年、二六九～二七〇頁）。

要するに、政府の指示に従わない沖縄の「土人」は、みな失業の憂き目をみるぞ、これは自ら招いた自己責任だと、脅かしたのである。アメリカ先住民インディアンや北海道アイヌと同じく、沖縄人を「土人」と蔑視する政府高官の意識が、ここによく表れている。その彼は同年十二月、「東京府知事」の要職に就いた。

「構造的差別」の根深さ

松田の「土人」発言から百三十七年の歴史をへた今日、沖縄に派遣された警察官が米軍基地に反対する市民に「土人」、「シナ人」と暴言を浴びせ、その発言を公的に擁護しようとする政治家がいる日本社会は、世界からみても驚きだ。しかも、インターネットの世界で様々な差別発言が飛び交い、あらゆる機会に増殖する現実に、「構造的差別」の根深さを感じる。

このような現状について作家の佐藤優氏は、「差別が構造化されている場合、差別者は自らが差別者であるというのを自覚しない」と指摘した。さらに、「構造化された差別を放置しておくと、われわれはいつまでも『土人』視される。それぞれの沖縄人が、できる方法で闘おう」と、新聞で一般読者に呼びかけた(『琉球新報』二〇一六年十月二十二日付「佐藤優のウチナー評論」参照)。この一文は氏の呼びかけに対する、私なりのささやかな応答である。

12　不発弾　未完の沖縄戦後史

那覇市役所が住民に無償で配布している『那覇市市民便利帳』という小冊子が、わたくしの手元にある。目次をめくると、「不発弾を見つけたら」という項目が眼に止まり、「沖縄にとっての戦後とは何か」を、改めてつくづく考えさせられた。

この広報ハンドブックによると、「不発弾は、爆発の恐れがあり大変危険です。工事現場などで不発弾と思われるものを見つけたら、動かさず、すみやかに警察へ連絡をしてください」とある。不発弾の埋められた場所を知っている場合は、「市民防災室」まで連絡してほしい、とも書かれている。「戦後七十年」を経てもなお、不発弾が見つかるたびに近隣住民への避難勧告の新聞記事を目にする。

沖縄戦の「負の遺産」

このような「不発弾」は沖縄県内の市町村ではけっして珍しくないが、全国的にはきわめて異例であろう。その原因はいうまでもなく、太平洋戦争の激戦地・沖縄の「負の遺産」にほかならない。

鉄の暴風ともよばれた沖縄戦では約二十万トンの爆弾が投下・使用された。そのうち五％にあたる約一万トンが「不発弾」といわれる。約一万トンの不発弾のうち、一九七二年復帰前から今日までに回収・処理されたものを除き、未だ約二千五百トンもの不発弾が沖縄には残されている。日米両軍の膨大な量の砲弾の一部が「不発」のまま地中に埋もれ、いまなお住民の日常生活を脅かしているのである。不発弾の種類として、艦砲をはじめ迫撃砲弾やロケット弾のほか、航空機による投下爆弾、地雷や海中の機雷、手りゅう弾、ガス弾その他の爆発物をいう。不発弾は起爆装置（信管）が外されており、何らかの衝撃で発火装置が作動しうる状態にあることが予想されるので大変危険である。

不発弾が物語るもの

爆発事故の一例として、一九七四年三月二日、那覇市小禄の聖マタイ幼稚園で不発弾が爆発し、園庭で遊んでいた三歳の女の子や工事作業員ら四人が亡くなり、三十四人が重軽傷を負った。下水道の工事中に旧日本軍が埋めた砲弾や機雷が爆発したのだ。

この事件をきっかけに「沖縄不発弾等対策協議会」が設置され、探査・処理事業を進めてきた。一九七四年以降、二〇〇三年までに約七千四百トンの不発弾が処理されたが、なお未処理分を全て処理するまでには、今後五十年から八十年を要するという。

沖縄の山野や工事現場でしばしば見つかる「不発弾」問題は、ボランティア団体等の協力を得て行政が進めている「遺骨収集」とともに、戦後がなお「未完」であることを物語っている。戦争を引き起こし、多くの国民を犠牲にした国の責任はきわめて重い。過去の戦争責任もきちんと清算しないまま「戦後七十年」の節目を迎える。政府は辺野古の新基地建設や集団的自衛権への道を突き進もうとしている。こうした状況では先の大戦で亡くなった人びとの無念の怒り、そして踏みにじられた「民意」という不発弾が、そのうち大爆発するかもしれない。

あとがき

人生の不思議な縁と出会いがきっかけで、一冊の本が生まれた。小著は、兵庫県尼崎市にある一般財団法人「兵庫沖縄協会」が発行する『月刊榕樹』に連載した歴史コラム・時評などをまとめた作品である。「シリーズ　沖縄歴史の散歩道」と題して、折々に書き綴った「歴史手帖」として読んでいただければ幸いである。

シリーズ第一回「海の見える風景―その歴史的変貌」（一九九九年一月）に始まり、第五十八回「大佛次郎の敗戦日記」（二〇一八年十月）まで、年に数回のペースで古琉球の時代から近世・近現代まで幅広く自由にテーマを選び、通算五十八回分が掲載された。いつも手際よく校正作業などを進めていただいた編集者の永峰眞名さんのおかげである。長い間、本当にありがとうございました。

わたくしが兵庫県西宮市に住んでいた若いころ、友人の田場由美雄さんを案内し、兵庫県神崎郡福崎町にある民俗学者・柳田国男の生家をご一緒に訪ねたことがある。本書の「海の見える風景」にも柳田国男の紀行文『海南小記』の一節を引用しているが、それを読み返すと、あの旅の思い出が懐かしくよみがえる。

闘病生活中のわたくしを励ましてくださり、本書の出版にひとかたならぬお力添えをいただいた田場さんのご尽力に心から感謝申し上げます。

二〇一九年六月

著　者

真栄平《まえひら》　房昭《ふさあき》

1956年 沖縄県生まれ。

1986年 九州大学大学院文学研究科博士後期課程単位修得満期退学。

同年 日本学術振興会特別研究員。九州大学文学部助手を経て

1988年 神戸女学院大学文学部総合文化学科講師、

1991年 助教授、1997年 教授。

2014年 琉球大学教育学部教授。

共編著として『近世日本の海外情報』（岩田書院、1997年）、『近世地域史フォーラム1　日本列島の南と北』吉川弘文館、2006年）

旅《たび》する琉球《りゅうきゅう》・沖縄史《おきなわし》

2019年7月27日　初版第一刷発行

著　者　真栄平　房昭

発行者　池宮　紀子

発行所　（有）ボーダーインク

〒902-0076　沖縄県那覇市与儀 226-3

tel.098-835-2777　fax.098-835-2840

印　刷　でいご印刷

 ISBN978-4-89982-368-1